公共数字文化建设

周浩 著

辽海出版社

图书在版编目（CIP）数据

公共数字文化建设 / 周浩著. -- 沈阳：辽海出版
社，2017.12
ISBN 978-7-5451-4639-4

Ⅰ. ①公… Ⅱ. ①周… Ⅲ. ①公共管理－文化工作－
建设－研究－中国 Ⅳ. ①G123

中国版本图书馆 CIP 数据核字(2018)第 001163 号

责任编辑：丁　凡　高东妮
封面设计：瑞天书刊
责任印制：李　坤
责任校对：贾　霞

北方联合出版传媒（集团）股份有限公司
辽海出版社出版发行

（辽宁省沈阳市和平区 11 纬路 25 号沈阳市辽海出版社　　邮政编码：110003）

廊坊市海涛印刷有限公司　　　全国新华书店经销

开本：710mm×1000mm　　1/16　　印张：9　　字数：130 千字

2019 年 1 月第 1 版　　2019 年 1 月第 1 次印刷

定价：40.00 元

前　言

随着信息通信技术的日新月异，人们获取、利用、传达信息的方式也发生了革命性的变化，比起传统的信息方式，数字化信息方式因其方便、快捷和不受时空限制得到人们的钟情。在文化知识信息的获取、利用、传达上也不例外，越来越多人选择足不出户，通过互联网等新型方式获取信息。各类型公共文化机构本着服务公众的宗旨，也加入了这场信息变革中，纷纷将自身丰富的书籍资料、档案文件、文物作品等数字化，为公众提供数字化的文化信息服务。

公共图书馆是政府主办的公益性文化服务机构，是公共文化服务体系建设的重要骨干，是公共文化服务的主要实施者。在这些文化项目实施过程中，各地公共图书馆采用了不同的服务方式，并且发展程度不一。如何根据各地的实际情况做好数字文化服务，就需要认真梳理分析，以期能为数字文化服务的推广起到积极的促进作用。

公共数字文化建设是现代公共文化服务体系建设的基础性工作。公共数字文化建设是一个庞大的系统工程，并非某一个机构一朝一夕就可以独立建成，而是需要众多相关机构秉持共建共享的精神，长期进行；也需要充分利用国家大力发展公共文化事业和实施海洋战略的有利时机，争取国家相关部门、社会力量的大力支持和配合；更需要充分利用蓬勃发展的现代信息技术，创造性地进行公共数字文化建设。

本书在编写过程中参考借鉴了一些专家学者的研究成果和资料，在此特向他们表示感谢。由于编写时间仓促，编写水平有限，不足之处在所难免，恳请专家和广大读者提出宝贵意见，予以批评改正，以便改进。

目 录

第一章 公共数字文化服务概述

第一节 公共文化服务内涵及体系

一、公共文化服务

公共文化服务就是国家为公众提供的文化服务，保障公众的文化权利，其中政府是主要的实施主体，公共文化服务是具有非竞争性和非排他性的社会文化服务，是政府公共服务的重要组成部分。公共文化服务是为了满足社会的公共文化需求，向公众提供公共文化产品和服务行为及其相关制度与系统的总和，它涵盖了广播电视、电影、出版、报刊、互联网、演出、博物馆、图书馆、档案馆和哲学社会科学研究等诸多文化领域，以满足社会成员的基本文化需要为目的，着眼于提高全体公众的文化素质和文化生活水平，既给公众提供基本的精神文化享受，也维持社会生存与发展所必需的文化环境与条件的公共产品和服务行为的总称。

基于上述对公共文化服务的认识，我们认为公共文化服务是以政府为主导，以非营利性质及满足人民群众基本文化需求为目的，为人民群众提供非竞争性和非排他性的文化服务行为。

二、公共文化服务体系

20 世纪 90 年代以来，"文化权利"问题逐步引起关注和重视，2001 年 7 月，联合国大会通过的有关文化权利主要法律文书《经济、社会和文化权利国际公约》在我国正式生效，自此，文化权利问题提上日程。党和政府十分重视公民文化权力的实现，努力保障公民享有基本的公共文化生活。党的十六大提出全面建设小康社会的奋斗目标，要求"人民的政治、经济和文化权益得到切实尊重和保障"。随着政府职能转变和公共服务体系的提出，公益性组织的形象塑造和价值的回归，在文化体制改革大背景下的公益性文化事业的重新定位和服务制度的重新设计、政府文化职能转换等问题成为热点研究的问题。构建公共文化服务体系作为国家公共服务体系的一部分，受到从中央到地方各级文化部门的重视，在国家的发展规划中占有相当重要的位置。十六届五中全会提出"积极发展文化事业和文化产业。加大政府对文化事业的投入，逐步形成覆盖全社会的比较完备的公共文化服务体系"。中共中央、国务院对我国文化体制做出重大的部署，明确提出"要加大公益性文化事业投入，调整资源配置，逐步构建公共文化服务体系"。中共中央办公厅、国务院办公厅颁布《国家"十一五"时期文化发展规划纲要》，将加强"公共文化服务"作为下一步文化建设的重要组成部分。党的十七大也提出"推动社会主义文化大发展大繁荣"的宏伟目标，在十七大报告中指出"文化越来越成为民族凝聚力和创造力的重要源泉、越来越成为综合国力竞争的重要因素"，明确提出"兴起社会主义文化建设高潮，激发全民族文化创造力，提高国家文化软实力"，明确"覆盖全社会的公共文化服务体系基本建立"的新目标。

公共文化服务是随着政府职能的转变，建设服务型政府提出的，公共文化服务是政府提供的公共服务职能的重要组成部分。公共文化服务体系分为三大体系：一是公共文化基本设施建设体系，包括图书馆、博物馆、文化站、美术馆、艺术馆、影剧院等公共文化机构，也包括网络、设备、现代服务手段；二是公共文化活动体系，包括政策法规、人才队伍建设、领导管理、经费保障等方面；三是公共文化活动体系，由公共文化需求、活动内容、形式、服务项目等组成。

公共文化服务体系是公共服务体系的重要组成部分，以政府部门为主导，公共文化服务机构为载体，提供保障公民基本权利、满足公民基本文化需求的公共文化产品生产与服务体系。其根本任务是为广大人民群众提供基本的公共文化服务，不断缩小各地区之间人民群众享有的基本公共文化服务的相对差距，普及文化知识，传播先进文化，体现人文关怀，实现人民群众基本公共文化服务均等化。公共文化服务体系的核心是服务，为广大人民群众服务，要求在建设公共文化服务体系的过程中始终要把群众的基本文化权益放在第一位，一切工作都从群众的实际需求出发。公共文化服务体系承担着十分重要的社会服务功能。通过文化服务，传播马克思主义的基本理论、基本观点、基本方法，树立正确的世界观、人生观、价值观，确立科学的发展观，承担着马克思主义理论统领社会主义现代化建设各项事业的功能；弘扬民族文化精神，承担着文明传承和确立文化自信心、自豪感，激发人民群众日益增长的精神文化需求，实现人民群众文化利益的功能；通过文化活动与实践，激发人们的想象力、创造力，承担着为文化产业的发展提供原创力的功能等。

公共文化服务体系主要涵盖以下六个基本要素：一是公共文化政策法规。即鼓励、保障和扶持公共文化服务发展的法律法规、政策措施，是公共文化服务的制度基础。二是公共文化基础设施或机构。这是指政府财政预算投入的各种文化设施设备，也包括社会自愿参与投入的具有文化服务功能的设施设备等，如图书馆、美术馆、博物馆、文化站、群众艺术馆、影剧院等，是公共文化服务的物质载体。公共文化服务体系的根本任务需要通过这些机构得以具体化才能完成。三是公共文化组织机构和人才。组织机构是指从事文化管理和服务的各级政府和文化事业单位；人才即参与公共文化服务的专业技术人员和支撑公共文化服务体系的管理、辅助人员等，是公共文化服务的核心力量。四是公共文化活动的主体。作为大众文化建设主体的广大人民群众，是公共文化服务体系赖以存在和发展的根基，是实现文化"在共建中共享，在共享中共建"目标的保障。五是公共文化活动方式。即提供公共文化服务的技术手段、方法和设备。现代社会的发展越来越注重应用科技因素和现代服务理念，如2002年，全国范围内实施的文化信息资源共享工程，以及流动图书馆、流动演出、网上博物馆、网上文化培训等，就是在公共文化活动方式上拓宽服务领域、延伸服务范围的体现。六是公共文化事业经费。包括政府拨款、贴息、集资、社会捐助、赞助、基金等，是公共文化服务体系正常运转、各种文化服务得以顺利开展的资金保障。

第二节 公共数字文化服务

一、公共数字文化服务的内涵

公共数字文化服务实际上是公共文化服务与数字文化的结合体。那什么是数字文化呢？数字文化从字面上来说有两方面的含义：一是文化是以数字形态存在和发展的，以网络为传播载体的，数字文化是人类文化发展的数字化形态的最典型的体现；二是数字网络本身就是一种新兴文化形态的表现形式，数字文化不仅是一种技术与社会现实，更是一种文化现实。简而言之，"数字文化"就是"数字的文化（特性）"与"文化的数字（形态）"。

本文认为数字文化包含三层含义，第一层含义是以计算机、互联网以及数字化信息、采集、处理、存储和传输技术的总和；第二层含义是媒介物的数字化，也就是传统的媒介被数字化；第三层含义是社会生活方式的数字化。这三个方面导致了信息传输频率变快，同时也使得信息、采集、存储、处理、传输成为各行业的重要角色，形成了感官性、全息性、面对面性的全新的人际网络交流方式，就是数字文化。

从我们对公共文化服务和数字文化的认识，我们认为公共数字文化服务是以政府提供财政支持为主，用数字化的资源、智能化的技术、网络化的传播为载体，以满足公民基本文化需求为目的的非营利性以及非排他性的文化服务。公共数字文化服务包括广播电视、电影、手机、数字图书馆、数字博物馆、数字图书馆推广工程、全国文化信息资源共享工程等形式。

二、公共数字文化服务的类型与层次

公共数字文化服务也是公共文化服务的一种，也是以满足人民群众基本的数字文化需求为目的的，公共数字文化服务虽然是数字化的信息资源用网络的形式进行传播的，但是依然体现了公共文化服务的公益性、基本性、均等性、便利性等特点。

按照公共数字文化服务传播的平台来说，公共数字文化服务包括公共数字传媒，公共数字传媒包括广播、电视、电影以及手机；公共数字文化网站包括数字图书馆、数字博物馆、全国文化信息资源共享工程、数字图书馆推广工程。按照公共数字文化服务的对象来说，公共数字文化服务包括青少年公共数字文化服务、外来务工人员公共数字文化服务、残疾人等弱势群体公共数字文化服务和大众公共数字文化服务；按照公共数字文化服务的区域和内容来分，公共数字文化服务包括社区公共数字文化服务、农村公共数字文化服务、政府公共数字文化服务、企业公共数字文化服务等。

第三节 我国公共文化服务及公共数字文化服务的建设现状

一、公共文化服务的发展现状

（一）公共文化服务设施的健全

全国各地都在大力实施公共文化的基础建设，并取得了一定的成效。据统计到 2010 年，共有公共图书馆 2884 个，省级图书馆 37 个，地（市）级图书馆 334 个，县（市）级图书馆 2512 个；文化馆（含群众艺术馆）3264 个，省级文化馆 31 个，地（市）级文化馆 343 个，县（市）级文化馆 2890 个，乡镇（街道）文化站 40118 个；全国博物馆达 2435 所；艺术表演场馆 2112 处。

（二）公共文化建设经费的增加

党的十六大以来，对文化建设的投入不断增大。2011 年，全国文化事业费为 392.62 亿元，比 2002 年的 83.66 亿元增长了 3.69 倍。人均文化事业费从 2002 年的 6.51 元增加到了 2011 年的 29.14 元。"十五"期间，中央财政投入 4.8 亿元来扶持中西部地区的图书馆和文化站的建设。2007 年到 2010 年，中央财政投入 39.48 亿元来补助全国 2.67 万个乡镇文化站建设。"十二五"期间，中央将补助 70 亿元用于地市级图书馆、文化站和博物馆的建设。

（三）公共文化服务方式的转变

要加快公共文化服务建设就必须创新服务方式。2008 年率先实行的全国公共博物馆（含纪念馆）免费开放，是推动群众共享文化发展成果、文化惠民的重要举措。从 2004 年各类国有博物馆、美术馆、纪念馆和爱国主义教育基地等公共文化设施的优惠或免费开放到 2011 年文化部、财政部实施的全国公共图书馆、文化站、美术馆的免费开放，到 2011 年底，全国共有 2952 个公共图书馆、3285 个文化馆、34139 个乡镇综合文化馆实行了基本服务项目全部免费。2011 年，全国各级文化馆免费开放服务人次约 514.45 万，比 2010 年 429.8 万增加了 19.7%，公共图书馆到馆人数约 4.27 亿。此外，文化部还同财政部、教育部、全国总工会、共青团中央、全国妇联、中国科协等部门，共同推进工人文化宫、少年宫、妇女儿童活动中心、科技馆免费开放工作。除了免费开放以外，各地文化部门还采取了一系列的公共文化服务创新的新举措。如：浙江嘉兴、江苏苏州形成了多种模式的跨系统、跨行业的地方性图书馆共建共享体系，图书馆无障碍服务、公共图书馆讲座等；辽宁省通过广播电视的"村村通"工程，实现文化共享工程进村入户；福建、广东等积极发展流动图书馆和博物馆事业，让群众能够更近更便捷地享受公共文化服务。

（四）针对特殊群体的公共文化服务的发展

按照基本公共文化服务均等化的要求，各地文化部门以老年人、未成年人、进城务工人员、低收入群体、下岗失业人员、残障人员等群体为对象，采取项目补贴、政府采购、定向资助等举措，推进公共文化服务向特殊群体倾斜，实现公共文化服务水平的提升。2011 年，文化部、人力资源和社会保障部、全国总工会印发了《关于进一步加强农民工文化工作的意见》，提出把农民工的文化工作纳入到城市公共文化服务体系中来。2011 年和 2012 年，文化部连续两年在北京组织慰问农民工春节晚会，以"农民工演、演农民工、农民工看"的形式，充分发挥文化在农民工融入城市中的桥梁作用。2012 年，文化部在浙江东阳市召开的全国农民工文化建设现场经验交流会，推荐的"2012 年农民工文化服务示范项目"起到了示范作用。文化部组织的"春雨工程"——全国文化志愿者边疆行工作，活动围绕"共同团结奋斗，共同繁荣发展"的主题，通过内地和边疆的"大舞台""大讲堂""大展台"等交流活动，保障边疆民族地区群众的基本文化权益。通过举办中国少儿合唱节、中国老年合唱节，实施中国少儿歌曲创作推广计划，建设少儿图书馆、盲人图书馆等，有效保障少年儿童、老年和残疾人等特殊群体的基本文化权利。

（五）公共文化服务法律法规的建立

加快完善公共文化法律法规体系建设。近几年来，文化部推动制定了《非物质文化遗产保护法》《文物保护法》《公共文化体育设施条例》，积极推进《公共图书馆法》的立法工作，推动地方落实《乡镇综合文化站管理办法》，制定《城市社区文化设施管理办法》，组织修订《文化馆管理办法》。国家发展和改革委员会、国土资源部、住房和城乡建设部、国家标准化管理委员会、国家质量监督检验检疫总局与文化部门颁布了一批规范公共文化服务设施规划、建设和服务的标准，2008 年颁布公共图书馆和文化馆的"建设标准"和"建设用地标准"，2012 年颁布《公共图书馆服务规范》，上海、江西、新疆等地出台的公共图书馆服务规范为国家《公共图书馆服务规范》制度提供了依据，《江苏省农村公共文化服务管理办法》和《广东省公共文化促进条例》的出台，拉开了我们加强公共文化立法的序幕。

（六）公共文化服务存在的问题

尽管我国的公共文化服务体系建设已经取得了一定的成效，但是我们也应该看到在建设中存在的问题和不足，公共文化服务总体水平不高，没有建立完整的公共文化服务体系，与发达国家的公共文化服务相比还有很大的差距，需要借鉴其他国家成功的经验来发现我们存在的问题，结合自身的发展状况解决问题。

公共文化服务建设经费问题。近几年虽然国家对公共文化服务经费的投入在不断增加，但文化事业费只占国家财政总支出的 0.3%~0.4%。2010 年，国家文化事业费约 323.04 亿元，相当于教育事业费的 1/30，卫生事业费的 1/13，科技事业费的 1/9，由此可以看出公共文化事业费与其他费用相比占的比重太轻，文化事业费城乡之间的差距也很大。2010 年，财政给农村文化费用约 116.41 亿元，占全国文化事业的 36%，中东部地区的文化事业经费占全国的 76%，西部地区只占 24%。全国人均文化事业费 24.11 元，中部地区只有 15.64 元，西部地区 23.8 元，虽然西部地区在人均文化事业费上高于中部地区,但是仍然低于全国平均水平。从过去公共文化服务的建设来看,大部分都集中在公共文化基础设施建设上,没有进行体系建设,对农村和一些落后地区的实际状况考虑不全面,对每个城市的公共文化服务发展程度不清楚,这就造成了建设的盲目性和不协调性。对于公共文化基础设施较好的城市来说,应该考虑公共文化资源的培育性投入;对于公共文化基础设施建设一般的城市来说,在考虑更好建设基础设施的同时要等同地投入文化艺术创作和继承上;对农村来说,首先是要考虑基础设施建设,兼顾其他方面的建设。所以政府应该分层次有针对性地对公共文化服务进行投入,解决好经费的投入问题和效益最大化问题。

公共文化服务人才队伍不完备。公共文化服务人才队伍结构应该随着公共文化服务体系的发展而调整,从而满足文化体系建设的需求。现阶段我国公共文化服务人才结构失衡,一是城市公共文化服务体系的人才储备明显高于农村的公共文化服务体系,农村由于环境、待遇、条件等各方面因素导致人才流失严重,导致城乡公共文化服务差异增大;二是政府的人才扶持政策不能吸引人才加入到公共文化服务的队伍中,公共文化服务人才队伍建设在职业资格、人才市场配置、文化志愿服务等方面还不够完善,导致全社会的公共文化服务体系建设出现了发展的瓶颈。政府应该为人才的整体结构发展创造良好的社会环境,在人才队伍的结构整合上加强宏观调控,提高人才队伍素质。

公共文化服务的考核评价体系。考核评价体系是检验公共文化服务发展的最有效的手段,决定着公共文化服务未来的发展方向。目前我国公共文化服务的评价考核体系严重落后于公共文化服务的发展,对一些重大文化项目并没有科学的考核指标对其绩效、工作实施情况、未来发展前景等进行评估。此外,还缺乏公信度高的评价机制,公众对当今开始的公共文化服务的切身感受、意见建议等无法通过便捷的渠道反馈给政府有关部门和公共文化机构。公共文化服务的提供者们只能根据自己的理解去完善服务,对服务本身的认识不足,与公众沟通交互不够,从而阻碍了公共文化服务的深层次发展。

公共文化服务建设缺乏系统化的法律法规。国家"十一五"规划纲要中提出要建立公共文化服务的专项资金或基金、从城市住房开发投资中提取1%

用于社区文化设施建设、公益性捐赠的税收优惠等政策都没有得到落实。鼓励社会力量参与公共文化服务体系建设的政策力度不够，实施细则不完善、税收减免的程序和手续过分复杂，导致社会力量参与公共文化服务体系建设的积极性不高，参与程度非常有限。

二、我国公共数字文化服务的建设现状

（一）公共数字文化服务设施的健全

公共数字文化是数字化、信息化、网络化环境下文化建设的重要内容。文化部、财政部根据信息发展的要求，联合实施了全国文化信息资源共享工程和国家数字图书馆工程、公共电子阅览室建设计划等公共数字文化建设的重要工程。到2010年末，文化共享工程县级中心达2814个，乡镇服务点15221个，与全国农村党员干部现代远程教育合作共建村级基层服务点75万个。文化共享工程的数字资源量达到108TB。2010年，国家图书馆实施了"县级数字图书馆推广计划"，通过文化共享工程的服务网络，将国家图书馆优秀的电子资源推送到每个县。"十二五"期间文化部、财政部在全国实施数字图书馆推广工程，建立互联互通的分级分布式数字图书馆资源库群，形成数字图书馆服务体系。到2010年，全国省级公共图书馆数字资源总量已达700TB，市级公共图书馆数字资源超过200TB。2011年国家数字图书馆数字资源已达560TB。各级公共图书馆拥有计算机约15万台。

从20世纪90年代开始的"博物馆数字化""博物馆上网"到21世纪把文物信息化建设作为"十五"期间的重要工作之一，10年间，中央和地方财政共投入2.37亿元用于文物数据采集和文物数据中心建设，共完成1660275件馆藏珍贵文物数据，拍摄照片3869025张，录入文本信息3.05亿字，国家文物局的数据中心接受数据达16.16TB。将通过网卡服务于社会，实现全社会的共享。

（二）公共数字文化建设经费的增加

为了实现文化共享工程建设的总体目标，"十一五"期间，中央财政已

下拨文化共享工程专项建设资金 24.76 亿元，各地累计投入 27 亿元。2009 年，公共电子阅览室在北京、上海、浙江、广东、天津、辽宁、山东、安徽、陕西等 9 省（市）展开，到 2011 年已投入经费 2.7 亿元。2011 年数字图书馆推广工程正式启动，中央财政支付经费 4980 万元，对中西部省份省、市两级数字图书馆的硬件设备购置予以补助，2012 年中央补助资金达 1.23 亿元。2011 年，3G 网络覆盖全国所有地级以上城市及大部分县城、乡镇和风景区等，3G 建设总投资 4000 亿元。

（三）公共数字文化服务方式的转变

当今我们已经进入信息时代，信息时代最显著的特点就是信息的网络数字化。与此相对应，这个时代的公共文化服务体系，应该称之为公共数字文化服务体系。所以要建设符合这个时代的公共文化服务建设体系，不仅需要传统的服务方式和手段，还需要运用数字网络技术，把公共文化资源通过数字网络进行采集、整理、存储和传播。数字图书馆、数字文化馆、数字博物馆、移动阅读、掌上服务等都在改变着人们利用公共文化设施和享受公共文化的方式。"全国文化信息资源共享工程"就是运用了这个原理，"上海东方社区信息苑"就是通过数字网络为全市基层群众提供文化内容资源。数字网络技术的运用，为公共数字文化服务的开展提供了可能，能够实现多层次、多方式、跨地区、跨部门的全面结合，通过公共数字文化服务就能打通行政壁垒和地区壁垒。杭州市通过群众文化艺术专门网站，实现全市文化艺术创作、辅导和活动资源的共享共建。江苏省吴江市推行的"区域文化联动"，推动大运河沿线城市的群众文化艺术产品的交流与互动，通过"区域文化联动"，吴江以及参与区域的老百姓，每年能多看到十几台节目，但是每个区域文化艺术活动的运营成本并没有增加。"吴江经验"已成为公共文化资源跨地区、跨层次的新模式，对我国公共数字文化服务建设有着重要的启示作用。

图书馆是公共文化服务基础设施的重要标志之一。数字图书馆成为衡量国家信息基础水平的重要标志。数字图书馆建设可以探索出公共数字文化服务的新模式。图书馆有保存人类文化遗产、履行社会教育职能、保障公民文化权利、传播社会信息、缩小信息鸿沟、消除信息歧视、支持社会各领域的文化创新、提供公共文化娱乐活动等功能。随着信息技术和网络的发展，数字图书馆将成为图书馆的终极形式。数字图书馆可以将有价值的文本、图像、影像、软件等多媒体进行收集、加工、保存，并在网络上进行传播。数字图书馆是现代技术、文献知识信息、传统历史文化完美的结合，改变了传统图书馆静态书本式文献服务特征，实现了远程网络传输、多媒体存取、智能化检索的超时空的信息、服务模式。数字图书馆不受时间、空间的限制和约束，真正实现了信息共享、信息均等化。

（四）公共数字文化服务的政策法规的建立

2001 年文化部"十五"规划纲要确立了加快文化领域的数字化、网络化，开发文化信息资源，推进文化管理信息化进程等三方面的任务，明确要求提高全国图书馆的文献信息保障能力，建成中国数字图书馆国家资源中心和文化、教育、科技 3 个分中心及 7 个地区中心，地市级以上图书馆 80%联网，县级图书馆入网率达 30%以上。第一次将文化信息化建设成果与公共文化服务融合，确立了以公共图书馆信息化为基础，建立现代信息网络条件下公共文化服务技术的总体思路。《2006-2020 年国家信息化发展战略》明确提出，要改善公共文化信息、服务，加快文化信息资源整合，加强公益性文化信息基础设施建设，完善公共文化信息服务体系，将文化产品送到千家万户，丰富基层群众文化生活。《中共中央办公厅、国务院办公厅关于加强公共文化服务体系建设的若干意见》在文件中要求提高公共文化服务技术水平，加快现代科技应用步伐，提高公共文化服务的信息化、网络化水平。以国家数字图书馆建设为龙头，加快国家图书馆、省级图书馆与各地公共图书馆的联网步伐。加快市（地）、县图书馆镜像站建设，增强文化信息资源的传输、存储和供给能力，为基层提供方便快捷的文化服务。同时，以更加恢弘的视野，提出要以积极的态度、创新的精神，大力加强互联网建设，使之成为传播社会主义先进文化的新途径、公共文化服务的新平台、精神文化生活的新空间。

随着数字技术的快速发展，原有的版权制度已经跟不上数字技术的发展，出现了越来越多涉及数字版权的问题。2001 年修订的《著作权法》中，权利人增加的著作权权利——信息网络传播权，2005 年 5 月实施的《互联网著作权行政保护办法》，2006 年 7 月颁布实施的《信息网络传播权保护条例》，在很大程度上弥补了这一方面的不足。

（五）公共数字文化服务存在的问题

公共数字文化服务还处在起步阶段，还没有建立起有效的管理体制和运行机制。全国的文化站还没有建立统一的信息化服务系统。基层公共文化服务机构的数字化水平不平衡，各级公共文化馆的数字化水平普遍偏低。数字文化资源的开发和利用缺乏政策法规，公共文化服务管理工作的数字化程度低。信息、基础设施建设水平低，没有建立起满足公共数字文化服务需求的技术和交换体系。数字化资金投入严重不足，存在重视硬件、忽视软件，重视设施建设、忽视数据建设，重视新建设施、忽视整合与维修原有设施等问题，资金管理力度差，使用效率不高。专业技术人才的缺乏，既懂公共文化服务知识、又懂信息技术的人才更为匮乏。

公共数字文化缺乏技术支持。公共文化本身是一个与技术不相关的服务行业，由于互联网的开发、公共服务方式共享等，满足了广大群众的公共服务的需求，推动了公共数字文化服务的发展。但是，公共文化服务体系的数字化建设缺乏总体的设计，显得不伦不类，事实上使公共文化机构和公共数字文化服务脱节，形成了两种公共文化服务的形式。信息的优势在公共文化服务机构没有得到充分的体现，公共数字文化机构没有利用好信息技术来提高其服务的效率。

公共数字文化服务体制需改进。现有的公共文化服务体制还停留在计划体制阶段。公共文化服务机构担心被数字化所取代，担心自己的岗位被信息服务者所代替。这种立足提高自身信息化水平的建设与公共服务的技术目标还有很大的差距。这不是社会需求的导向，没有从公共服务对象的立场来设计数字文化服务发展线路，只是以馆藏资源的建设为中心的思路，单方面让公共图书馆扩大馆藏资源，这样会存在大量重复购置的问题，差异化程度体现在"地方文献"方面，而这方面的资源又恰恰不是基本公共数字文化服务的核心和内容，所以图书馆馆藏资源的数字化，在某种程度上来说根本不能够满足群众最基本、最需要的公益性、均等性等文化服务需求。

公共数字文化服务需要创新。公共数字文化服务应该是以信息化技术为基础，以满足群众基本文化需求为导向的。应该利用先进的信息技术和文化成果进行服务内容的生产和服务手段的创新。通过对服务需求的选择，确立新的服务内容和服务目标；通过新技术和成果的引入开发，创新出新的服务产品。现阶段，我们公共数字文化服务的创新实际对信息的依赖性不高，通过信息化手段实行的创新较少，信息技术的发展和社会信息化的发展对公共文化服务的影响不够显著。

数字化没有对公共文化服务的发展产生影响力。政府为了消除"数字鸿沟"，虽然在文化建设上投入的资金越来越多，但是投入与产出的效益不成比例，只靠政府的资金难以满足公共文化服务的可持续发展。公益单位与市场之间没有形成融洽的供给链条，公共文化服务机构的数字化建设存在闭门造车的现象，缺乏对外交流和宣传，没有和高校、企业、科研所建立良好的交流与合作机制，没有借鉴和吸收国内外相关领域优秀的数字化建设经验。公共数字文化服务的宣传力度不足，得不到社会各界的关注与支持。与国外政府提供的公共文化服务相比，在项目的组织模式、资源整合、部门协作、公众信息技能的培养、项目的监督与评估等方面都有需要借鉴的地方。数字化发展的趋势是"互联互通"，即天网地网贯通，多元服务融通，需求任由一点发出，八方响应。

第二章 公共数字文化服务体系运行机制研究

第一节 国外公共文化服务体系

一、美国公共文化服务模式

（一）政府提供公共文化服务的授权、融资和监管制度

美国联邦政府在公共服务输出领域主要通过市场机制，将政府权威与市场交换的功能优势有机组合，提高政府功能输出的能力。政府公共服务输出的市场化与政府功能定位的市场化不同。后者是美国联邦政府理性设计、总统推动、立法机构认可的机构；而政府公共服务输出的市场化取向是美国各级政府在财政压力下自发选择的结果。

在公共服务输出的市场化取向下，美国联邦政府确定了提供公共服务的三个原则：一是政府确定的公共目标不一定非靠政府行政部门事必躬亲，而是可以通过非政府行政部门的力量完成。在实现公共目标的过程中，两者之间连接的中介是市场机制。二是政府为公众提供的公共服务不一定非由私营部门承担才有效率，关键因素是公共服务的供给者须竞争共存，以竞争取代垄断，是提供公共服务生产效率的关键。三是消费者拥有对公共服务的选择权利。美国在行政体制上没有设立统管全国文化事业的行政部门，有三个经议会立法设立的政府代理机构，分别代表政府行使部分职能：一是美国国家艺术基金会，其职能是代表政府向文艺团体和艺术家提供财

政和技术援助，帮助他们发展艺术，保护美国的文化艺术传统；二是美国国家人文基金会，其职能是对人文学方面的各种研究、教育和社会活动给予资助；三是国家博物馆图书馆协会，其职能是专门负责对博物馆、图书馆的资助。这些机构虽然属于联邦政府机构系列，但只有计划协调和财政资助职能，无行政管辖权。

（二）艺术基金会和地方政府提供公共文化服务的模式

在美国，公共文化服务的运行模式表现出如果社会能自发形成需求并通过市场加以满足，国家就不干预；不能自发形成需求而需要进行干预的，由国家委托专业团队操作，而国家并不直接介入。政府对艺术的拨款是通过一个半独立的艺术委员会进行的，以使艺术政策不受表决支持拨款的政客们嗜好的影响。哈里·希尔曼沙特朗和克莱尔·麦考伊对该体系解释如下："政府决定提供支持的总金额，但不决定哪些机构或艺术家应该获得这些支持。委员会成员由政府指定，理事会肩负着完成其捐款划拨的责任，并且不受执政当局的日常利益影响。通常，委员会根据经过一套评估体系检验的专业艺术家的建议，来制定拨款决策。随着该社会的艺术形式和风格的变化，这些政策也会趋向于动态发展。"

国家艺术基金会是美国政府赞助艺术家和学者的最大公共资金来源，其主要任务是促进各种艺术形式的发展，为美国人提供接触艺术的机会，并在艺术教育领域扮演领导者的角色。功能在于通过资助非赢利艺术组织，与各州的艺术机构及其他地区组织建立合作基金协议，特别是与其他联邦机构和研究机构确立国家发起项目的合作伙伴关系，支持杰出的艺术作品，推进艺术教育，发展国内社区艺术。国家艺术基金会主席由总统在征询了参议院的建议并获得认可之后任命。其职位任期为四年，并且可以连任。国家艺术基金会的捐赠计划及其内部结构都是根据艺术"学科"的分类进行组织的。

文化基金会制度目前已成为西方国家公共文化部门的基本制度，其意义在于：首先，国家、政府可以通过文化基金会的中间组织，以文化协议的方式向公共文化部门发放文化基金，间接地调控公共文化部门；其次，国家通过税收政策鼓励社会各阶层和组织捐资公共文化部门，有利于推动公共文化事业建设；再次，一些公共文化部门发起成立面向客户的基金会组织，在吸纳社会资金的同时，吸引和培育了更多的艺术文化爱好者和公共文化部门的忠实客户。

（三）公共文化服务机构的融资、监管和评估

美国有许多属于民间或半官方性质的各类文化组织，包括国内专业协会及社团，工会和行会，友好团体，国际或地区性学术交流机构等。一类是受政府委托，以推动文化事业发展、普及文化和艺术教育、促进文化交流为目的而设立的机构；另一类是行业内自发组织的机构，目的是交流信息，从事学术研究，并维护文化界内人士的合法权益。美国民间和半官方文化机构多为非赢利性质的组织，其资金来源主要有：政府资助、基金会、公司和个人的资助以及会员会费。美国政府主要依靠这些非赢利性组织，为公众提供各类公共文化服务。以博物馆为例，在美国，博物馆就是一个有组织的、向公众开放的非赢利性的机构，其宗旨是为教育、研究和娱乐服务。以博物馆的运作为例来说明美国非赢利组织的融资、监管和评估制度。

美国博物馆的运营经费主要靠社会捐赠。国立博物馆国家财政拨款只占70%，州立博物馆自筹经费占比例更大，私立博物馆则全靠自筹资金来维持运转和发展。捐助博物馆的有公司、企业基金会和个人。从捐赠来源来看，美国民间捐赠有三类：私人捐赠、公司捐赠和基金会捐赠。私人捐赠。在美国，公民可以自愿选择任何非赢利组织捐赠，国家对公民个人的捐赠有一定税收的优惠。博物馆借以举行多种形式的私人筹资活动，如宴会、抽奖、义卖等。对于美国的非赢利组织来说，一种常见的传统募集基金的方式是直接邮寄募捐；公司捐赠。在美国由于税法规定向非赢利组织提供捐赠的公司有税收优惠，同时，整个社会也倡导公司承担社会责任，因此，公司捐赠在民间捐赠中也占有重要的位置；基金会捐赠。很多基金会都资助公益、慈善活动，但基金会的捐赠一般都会限定资金用途。大型基金会的资助款一般金额都比较大，但申请程序比较严谨，博物馆需要写明自己的请求以及资金使用领域、方式，并提供预算，获得捐赠后，在使用资金过程中需要按照基金会的要求提交相关活动和经费使用报告。

美国没有专门的非赢利组织监管机构，也没有专门的法律来统一规定非赢利组织的活动，但是这并不意味着非赢利组织在美国不受监管，由于非赢利组织在美国是一个很庞大的部门，政府的管理制度通过联邦、州和市三个层次进行。美国政府对非赢利组织的管理是多方面的，有许多严格的规定和限制，对非赢利组织的管理部门有登记机关、税务机关、审计机关、司法机关等部门。管理人员还经常要到非赢利组织进行监察，并对非赢利组织的报告进行审查。

作为联邦国家，美国各州对非赢利组织还有自己的监管方式，在大多数州，首席检察官有权监督和管理慈善机构，对其活动进行规范。州首席检察官代表所有慈善机构的公共利益，其职责是调查和审计慈善机构，及时发现领导人和信托人的管理失当、转移资金或是欺诈行为，慈善机构也必须报告其财务状况。尽管美国没有专门对非赢利组织进行监管的机构，但非赢利组织自发自愿成立各种自律联盟进行约束和监督，特别是对非赢利组织如何募集捐款进行监督。美国政府也乐于非赢利组织通过这些机构的相关活动实现自我监督和公众监督结合，降低政府的监管成本。

（四）公民参与文化活动的激励机制

美国艺术公共政策的一个重要目标就是提高全体公民的艺术参与率。美国的社区组织在为确保个人参与提供公共文化服务中发挥着关键的作用。社会艺术代办处的主要任务就是为艺术的发现创造机会，其活动包括组织和发起旨在表彰和展现其社区内的艺术和艺术家的节日庆祝活动；为艺术提供展览空间和销售渠道；将艺术作品投入生产；为社区展示不能以其他方式获得的具有吸引力的艺术品；为创作活动提供住房条件；为确保某社区内的多种文化都有机会被居民接触而工作。

二、法国公共文化服务模式

（一）政府提供公共文化服务的组织框架与资助模式

法国政府非常重视文化事业的发展，认为法国应该把文化权利作为一项福利提供给公民，使人人都能平等进入、参与并享受文化。法国政府制定了一系列保护和弘扬民族文化的政策，并通过以下机构对文化事业进行管理：

1.中央政府文化领导机构

法国文化和通讯部是负责管理全国文化事务的政府机构，主要职责是制定政府文化政策和文化法规；编制年度文化预算，报议会审批；管理和使用文化经费；对国家重点文化设施、文化团体、艺术院校进行领导和管理；保护文化遗产；促进艺术创作和文化普及工作；与国外的文化合作与交流。它是中央政府文化主管行政机构，通过向地方派驻人员的办法，统一对全国的文化事业实行直接管理。

2.文化和通讯部直属文化单位

法国的重点文化设施、文化团体和艺术院校受文化和通讯部直接领导，都是一些能够代表国家水平的、在国外具有重要影响的文化单位。这些机构的主要行政领导由国家任命，经费由政府拨款，理事会成员由政府官员组成，重要决定需报文化和通讯部审批。

3.地方文化机构

法国各大区均设有文化局。文化局长的基本职能是落实政府的文化分散政策；协调政府和地方的文化关系；制定地方文化发展规划；为发展地方文化事业提供建议；督促文化设施运转，组织文化活动开展等。

法国政府通过文化和通讯部对全国文化事务进行直接管理和指导，有以下几种方式：一是契约管理。行政手段是法国文化管理采取的主要方式，行政手段不是行政命令，而是通过签订文化协定这一契约形式确保实现管理目标；法国不像英、美那样通过中介代理机构转变政府职能，而是通过向地方派驻代表的办法，统一对全国文化事业实行协调管理。大区文化局局长属于文化和通讯官员，是中央政府派往地方的文化代表，受文化和通讯部和大区政府的双重领导。文化和通讯部各司局以"文化顾问"名义向各地方派代表。文化和通讯部还向地方派专业技术人员。他们均有较高的专业知识水平，能对地方文化设施进行科学的维护和管理，并使其充分发挥作用；二是直接财政拨款。在法国，官办的或政府直接管理的文化事业单位，都可以得到政府较多的财政补贴，可占全部收入的60%以上，但受的约束也很多。通过立法保护本国文化并对文化赞助减免税收，法国建设了《企业参与文化赞助税收法》《文化赞助税制》《共同赞助法》等一整套文化赞助税制体系，对文化赞助的性质、范围、条件、形式、对象、目的等都作了具体严格的规定，鼓励企业参与文化赞助活动。

（二）地方政府对公共文化服务的资助模式

法国的大区、省、市、镇政府都有支持文化事业发展的财政预算。希拉克总统上任不久又宣布两项重要决定：在他任职期间，不在巴黎开工大型文化工程；把文化经费提高到国家预算的 1%。文化和通讯部也宣布了今后 10 年中，政府三分之二的文化投资用于外省；重要的文化设施大部分建在外省。许多省会城市和地区大城市，无论在遗产保护还是开展专项活动及支持创作方面都投入了巨大的财力。

（三）公共文化服务机构的监管、融资和问责

法国的文化体制中，没有给艺术理事会留下任何文职，法国文化政策一直具有国家扶持特征，即提高文化知识和文化艺术，逐步完善国家文化行政管理结构和文化预算。这在西方发达国家的文化管理模式中是比较独特的。

（四）公民参与文化活动的激励机制

法国政府非常重视发展群众文化，认为文化同教育一样，是每个公民所应享有的基本权利。参与文化活动、享受文艺作品是每个人的自由和自身价值的体现。在教育已经基本普及的情况下，普及文化便成为文化和通讯部的一项主要任务。法国的文化部部长马尔罗曾经说过，要在法国"实现文化民主"。政府采取多项措施促进文化普及活动，努力使每个公民都能平等地参与文化活动，把享受文化的权利当成一种公民意识来培养，把普及文化当成一项社会工程来完成。尤其是让那些在社会地位、工资收入、居住地点处于不利地位的人也有参加文艺活动的机会。一般来说，剧院对票价的定位都比较合理，相对于法国人的工资收入而言，一张歌剧票的价格并不贵。法国文化市场的价格反映了一种文化民主精神。此外，法国政府还通过多项措施促

进公众对文化艺术活动的参与：首先，由政府管理的文化设施定期免费向公众开放，如每年 7 月 14 日国庆节期间，巴士底歌剧院免费公演一场音乐会，给平时无力购买门票的公众提供欣赏高雅音乐的机会；每月的第一个星期日，卢浮宫免费开放；每年 9 月的第二个周末，举办"文化遗产日"活动，全国各地的古代建筑均向公众开放，其中包括总统府、参议院、国民议会、外交部等；每年春季还组织"博物馆日"活动，期间很多博物馆免费参观。其次，注意加强学校的艺术教育和文艺活动，从小培养孩子们的艺术修养。18 岁以下儿童可以免费参观由国家管理的博物馆。第三，对群众喜闻乐见的文艺形式给予支持，如流行音乐、民间舞蹈、杂技马戏等都能得到政府的支持，使艺术品种不断发展。积极创办文化之家、文化活动中心、大众之家等群众文化场所，丰富人民的文化生活，并支持地方政府组织民间艺术节。法国每年在中、小城市都举行很多民间艺术节，表演的大部分节目是民间音乐舞蹈，气氛热烈活跃，深受群众喜爱。

第二节 公共文化服务的制度研究

一、公共文化服务的建设原则

公共文化服务最大的特性就是它的"公共性"，它具有利益取向的公益性、服务主体的公众性以及服务供给的公平性等特点。

法国政府非常重视文化事业的发展，认为法国应该把文化权利作为一项福利提供给公民，使人人都能平等进入、参与并享受文化。目前我国的公共文化建设最大的挑战就是地域、城乡和基层间发展不平衡。制约我国公共文化服务发展均等化的主要因素有社会结构、经济发展、财政体制、政府职能、文化体制等。

城乡二元经济体制和城市公共服务供给制度，导致了我国城乡公共文化服务发展的不均等；城市政府的财力相对充足，政府将公共资源建设投放在城市，所以城市居民能享受到更多的公共文化服务，而农村由于财力的限制致使农村居民享受不到经济发展带来的公共文化的发展；各地经济发展水平的不平衡直接影响财政能力，财政能力的差异导致了地区间提供公共文化服务的差异；政府长期的功能错位和社会经济协调发展的认识不足导致公共文化事业长期被忽视和边缘化；传统的文化体制建设等问题使得公共文化服务的均等化发展存在诸多的问题。

《关于深化文化体制改革推动社会主义文化大发展大繁荣若干重大问题的决定》中提出了公共文化服务均等化的基本策略：第一，从公共文化服务设施建设上，要按照扩大覆盖、消除盲点、提高标准、完善服务、改进管理的原则，加强社区公共文化设施建设，把社区文化中心建设纳入城乡规划和设计；完善面向妇女、未成年人、老年人、残疾人等弱势群体的公共文化服务设施；以农村和中西部地区为重点，加强县级文化馆和图书馆、乡镇综合文化站、村文化室建设，实施广播电视村村通、文化信息资源共享、农村电影放映、农家书屋等文化惠民工程；统筹规划和建设基层公共文化服务设施，加大对革命老区、民族地区、边疆地区、贫困地区文化服务网络建设。第二，从资金投入上，中央、省、市三级设立农村文化建设专项资金，保证一定数量的中央转移支付资金用于乡镇和村文化建设。财力要向县、乡公共服务倾斜，向基层倾斜。第三，把农民工纳入城市公共文化服务体系，引导企业、社区积极开展面向农民工的公益性文化活动。文化部、人力资源和社会保障部、中华全国总工会下发的《关于进一步加强农民工文化工作的意见》明确提出，我国将形成相对完善的"政府主导、企业共建、社会参与"的农民工文化工作机制，建立相对稳定的农民工文化经费保障机制。第四，大力加强对农村公共文化服务建设的支持和帮扶力度，建立城乡联动机制，合理配置城乡文化资源，把支持农村文化建设作为创建文明城市的基本指标；鼓励文化单位向农村提供流动网点服务，鼓励媒体办好农村版和农村频道，鼓励书店做好在农村基层免费发行和赠阅图书的工作；扶持文化企业以连锁方式加强基层和农村文化网点建设，推动电影院、演出院线向市县延伸，支持演艺团体深入基层和农村演出；壮大文化志愿者队伍，鼓励专业文化工作者和社会各界人士参与基层文化建设和群众文化活动，形成专兼结合的基层文化工作队伍；增加农村文化服务质量，缩小城乡文化发展差距，加快城乡一体化发展。第五，继续完善对农村基层文化人才的培养政策，鼓励扶持和培养扎根基层的乡土文化能人、民族民间文化传承人特别是非物质文化遗产项目代表性传承人、群众中涌现出的各类文化人才和文化活动积极分子，以便他们在农村公共文化服务建设中发挥带头人的作用。

二、公共文化服务的绩效评估

随着公共文化服务体系建设的发展及我国服务型政府的建设，以及为了保证公共文化服务体系的有效运作，公共文化服务绩效评估指标体系的建设显得尤为重要。当然由于公共服务的效果难以确定，以及其他因素的影响，给公共文化服务的绩效评估带来了很大的困难。各个国家也只是把"投入和过程控制"作为保障公共文化服务质量的主要手段，关于绩效的考核也只是关注公共服务的投入规模、使用的程序是否严格规范，由于过度关注投入和过程，使得公共服务的提供由于追求符合规定而僵化，不能发挥真正促进公共文化服务体系建设的作用。

美国政府绩效评估的过程中，评估程序有时是由专家学者设计的，有时则是与机构或者议会合作的，美国国会还通过了《政府绩效和结果法案》。英国专门针对公共服务的绩效评估框架是 1997 年大选后，作为 1998 年政府综合支出评估的（CSR）一部分引入的。英国的《国家审计法》从法律角度表述了绩效审计，还有《地方政府最佳服务效果法案》也对地方政府提出了文化绩效方面的具体指标和要求。

我国更是缺乏一套系统科学的绩效评估指标体系。目前文化部有一个数据库报告系统，系统里有关于文化系统投入的数据以及服务产出的数据和以年为基础的文化发展数据，数据都会刊登在《中国文化文物统计年鉴》上。虽然提供了丰富的数据信息，但是监督的重点放在了任务的执行上，对过程、质量和影响的监管几乎没有。信息的采集是一种条块分割的方式，不同的机构只为自己的目的服务，信息的对比分析几乎没有。当然我国也有一些传统的考核，如文化部全国文化先进县评比、图书馆评级、文化馆评级等一些指标，但是，总的来说，我国目前缺少一个重要的评估机构来开展和授权开展与公共服务有关的项目评估，也没有完整的适合公共文化服务体系建设要求的指标体系，更缺乏绩效评估的规范性政策法规，与发达国家相比，处于比较落后的状态。所以要建立一套符合我国公共文化服务体系建设要求的绩效评估指标体系。

第三章 实施文化共享工程的背景分析

2002 年 4 月，国家文化部、财政部颁布《关于实施全国文化信息资源共享工程的通知》，依据《通知》的内容可知，全国文化信息资源共享工程（简称"文化共享工程"）实施的主要目的是为了落实《国务院办公厅转发文化部国家计委财政部关于进一步加强基层文化建设指导意见的通知》，这与国际环境、我国文化建设目标与大众需求等关系密切。

第一节 文化共享工程实施的背景

一、全球信息化给文化建设带来挑战

20 世纪 60 年代，在计算机成功研发的背景下，美国国防部高级研究计划署（Advanced Research Project Agency，ARPA）提出研发阿帕网（ARPANET）的构想。1969 年，由 BBN 公司制造的四台计算机 IMP1（放置于美国加州大学洛杉矶分校——UCLA）、IMP2（放置于斯坦福研究院——SRI）、IMP3（加州大学圣巴巴拉分校——UCSB）、IMP4（犹他大学——Utah）在美国自己制定的协议下成功完成了通讯试验，自此，具有 4 个节点的阿帕网正式启用，这也标志着人类社会从此跨入了"网络时代"。

20 世纪 70 年代，微型机的诞生推动了计算机的发展，计算机如潮水般蔓延至世界各地，其在逐步探索的各个领域的应用中带来了人类的第三次革命，为人类社会拉开了"信息时代"的帷幕。1971 年，阿帕网建立了 15 个节点，并且电子邮件也诞生了，人们开始通过网络交流；1972 年，第一个展示阿帕网功能的公开演示网建立，Telnet 协议起草；1973 年，阿帕网接入来

自英国伦敦大学和挪威皇家雷达结构的计算机，全球性的网络开始浮现，同年，文件传输协议（FTP）制定；1974 年，阿帕网的鲍勃·凯恩和斯坦福的温登·泽夫提出了传输控制（TCP/TP）协议，阿帕网商业化运作开始面向社会开放；1976 年，AT&T 的贝尔实验室开发了 UUCP（Unix to Unix Copy）协议，同年，英国伊丽莎白女王通过计算机进行了电子邮件发送尝试，网络开始向全球蔓延；1979 年，基于 UUCP 协议的 USENET 网建立。到了 20 世纪 80 年代，互联网各项技术不断得到完善、发展和壮大，其应用也逐渐延伸到社会的各个领域，不断影响、改变着人们的生活。

对于发展中国家而言，信息时代的起始时间要晚于西方发达国家，这与计算机的发展密切相关。资料显示，我国引入"信息时代"一词的时间是在 20 世纪 80 年代，中国科学院计算机技术研究所王行刚和陈厚云以《信息时代的黎明——七十年代计算机发展史》拉开了我国学者对信息时代研究的帷幕。1982 年 12 月，全国人大五届五次会议通过的"六五规划"将计算机技术研发认定为国家科技攻关重要项目，会议指出要"研究大规模集成电路生产工艺及其工业化生产技术和装备，以及计算技术的开发"，要重点研发微型、小型与工业控制计算机，要研发汉字信息处理系统与相应的系统软件和应用软件。对于互联网在我国的发展，中国互联网络信息中心（CNNIC）以互联网硬件建设和互联网技术应用为标准，将其划分为网络探索阶段（1987-1992 年）、蓄势待发阶段（1993-1996 年）、应运而起阶段（1997-1998 年）、网络大潮阶段（1999-2002 年底）以及自 2003 年起至今的繁荣发展五个阶段。

在信息时代之前，人们几乎是处于交通阻隔、信息闭塞和区域割据的屏蔽时代，受此影响，人与人之间、民族之间、国家之间的相互交流和影响也非常有限，因此，文化的力量在国家综合国力竞争中的作用并不明显。

从托夫勒对"第三次浪潮"的描述中，我们了解到，在信息时代，计算机和由此带来的网络的发展改变了人们生活的方方面面，其中，比较突出的一点就是信息时代互联网的出现，让世界变"小"了，让人与人之间、民族之间、国家之间的交流频繁起来，让文化信息在世界范围内"流通"了起来。换句话说，就是信息全球化带来了文化的全球化。1990 年，迈克·费瑟斯通（Mike Featherstone）在《对文化全球化的一个解释》（Global Culture：An Introduction）中，对文化全球化进行了释义，费瑟斯通也指出，"文化的整合与分散过程不仅发生在国家内部，并且发生在国与国之间、民族与民族之间"。

20 世纪 90 年代，约瑟夫·奈伊（Joseph S.Nye）提出"柔性国力"（软实力）的概念，指出，"柔性国力是通过劝说和魅力而非通过威胁和军事力量来影响别国的能力"，从此意义出发，一国的柔性国力主要来源于文化、政治价值观和外交政策。这一理念的提出，一语道破了文化在全球化背景下对于国家以及个人的重要作用，自此，文化作为提升国家竞争力的一大要素进入国家的发展战略中。

二、国家对文化建设日益重视

改革开放以来，在国际信息化的影响下，我国不断强调文化建设在社会发展中的重要作用。

1979 年，叶剑英在新中国成立 30 周年讲话中指出，"我们在建设高度物质文明的同时，提高全民族的教育科学文化水平和健康水平……发展高尚的丰富多彩的文化生活，建设高度的社会主义精神文明"，这是我国第一次正式提出"社会主义精神文明"这一理念。同年，邓小平在中国文学艺术工作者第四次代表大会上的祝辞中，也特别强调"提高全民族的科学文化水平，发展高尚的丰富多彩的文化生活"。

1982 年 12 月，第五届全国人民代表大会第五次会议通过了《中华人民共和国国民经济和社会发展第六个五年计划》（"六五计划"），提出从 1981 年到 20 世纪末 20 年间国家经济发展的主要目标,在基础任务中第五点指出，要"努力发展教育、科学和文化事业，促进社会主义物质文明和精神文明的建设"，其在文化事业部分，提出要增加电影和艺术作品的数量、提高书刊数量、扩大广播电视覆盖面、重视少数民族文化事业，要"积极开展群众文化活动，加强群众性文化设施的建设"，同时，还应该扩大与世界其他国家的文化交流。

1986 年，第六届全国人民代表大会第四次会议通过了《中华人民共和国国民经济和社会发展第七个五年计划》（"七五计划"），明确了社会主义建设应该遵循的原则，其中一条是要物质文明建设和精神文明建设"两手抓"，并且将"改善城乡人民生活"划为"七五"时期（1986-1990）国家建设的三项主要任务之一。针对文化事业的发展，强调"把社会效益放在首位"，提出到 1990 年，"广播人口覆盖率达 80%、电视人口覆盖率达75%"与"除某些地区外，争取做到市市、县县都有一个规模不等的图书馆"的建设目标。

1991 年 4 月，第七届人民代表大会第四次会议通过了《中华人民共和国国民经济和社会发展十年规划和第八个五年计划纲要》（"八五计划"），指出在 20 世纪的最后十年，在物质文明和精神文明齐抓、"繁荣社会主义文化事业"的指导方针下，发展经济的同时，实现"人民生活从温饱达到小康"与"文化生活进一步丰富"的目标。"八五计划"明确指出，"社会主义精神文明建设的根本任务，是培养有理想、有道德、有文化、有纪律的社会主义公民"。在文化建设方面，要"大力发扬民族优秀文化"，要"坚持把社会效益放在第一位"，要"积极开展健康的、丰富多彩的群众文化活动"，要制作适合青少年的艺术作品，要研究相关政策，要增加城镇、农村的群众文化活动网点，"要努力做到县县有图书馆、文化馆，乡乡有文化站"。

1996 年 3 月，第八届全国人民代表大会第四次会议通过了《中华人民共和国国民经济和社会发展"九五计划"和 2010 年远景目标纲要》，明确指出要把精神文明建设放在"更加突出的地位"。在文化建设方面，鼓励社会力量的参与，提出在坚持"为人民服务，为社会主义服务"的方面和"百花齐放，百家争鸣"的方针下，"充实社会服务设施"，大力发展社会主义文化事业,特别强调农村文化网和边疆文化长廊的建设,并提出到 2000 年实现"广播和电视人口覆盖率分别达到 85%和 90%"的目标。

2001 年 3 月，第九届全国人民代表大会第四次会议通过了《中华人民共和国国民经济和社会发展第十个五年计划纲要》，指出在"十五"时期（2001-2005）提高人民生活水平的预期目标是"居民生活质量有较大提高、基本公共服务基本完善、文化和体育设施覆盖面扩大”，要全面提高社会民众文化生活质量。

从国家制定的发展规划来看，我国一直比较重视文化事业的发展，并且随着社会的进步与发展，重视程度逐渐加强。文化建设的目标越来越明确，从“丰富大众文化生活”到强调“提高全社会的文化生活质量”；内容越来越详细，从增加文艺作品数量到强调增加图书馆、文化馆等文化设施数量，并且对文艺作品、电视和电影作品要求也越来越高，如“八五计划”特别强调了要建设适合青少年的文艺文学作品；方针政策也越来越有针对性，从“七五计划”开始，提出文化事业发展必须坚持“社会效益放首位”的原则，“九五计划”开始鼓励社会力量加入到国家文化事业建设上等。

总的说来，在国家相关政策的影响下，我国的文化事业发展迅速，文学、文艺作品数量增幅逐年提高，广播、电视和图书馆、博物馆、文化站等文化设施的覆盖率逐渐提高，人民群众的文化生活质量也逐渐提高。

第二节 实施文化共享工程的缘由

依据《关于实施全国文化信息资源共享工程的通知》内容，实施文化共享工程从根本上讲，是为了改变基层文化信息资源不足、公共文化服务落后的现状，满足广大人民群众的文化信息需求；是为了巩固基层文化阵地、弘扬中华数千年沉淀的优秀文化；是为了活跃城乡人民群众文化生活，充分发挥文化信息资源在发展经济、提高人民群众思想道德和科学文化素质等。其根本缘由是为了顺利实现"十五规划"文化建设目标。"十五规划"关于文化建设的目标任务主要包括"提高城乡居民的物质和文化生活水平""弘扬民族优秀文化""抵制不良文化""提高国民生活质量""完善公共基础设施、提供公共服务"等。将国家相关文件与国内外形势结合起来，我们认为，我国实施文化共享工程的缘由来自"三个需要"，即提高国民生活质量的需要、新农村建设的需要、弘扬中国优秀文化的需要。

一、提高国民生活质量的需要

（一）国民生活需要的转变

对于"需要"的理解，我们一般认为是"有机体感到某种缺乏而力求获得满足的心理倾向，是有机体自身和外部生活条件的要求在头脑中的反映"。1943年，美国心理学家亚伯拉罕·马斯洛（Abraham Harold Maslow）在《动机与人格》（Motivation and Personality）中指出，人类的需要可以根据层次进行排列，按照从低到高的顺序，人的基本需要的层次可分为：生理需要、安全需要、归属和爱的需要、自尊需要、自我实现的需要，后又发展为七个层次，加上了求知和审美的需要（如下图所示）。在需要等级中，"任何需要的满足所产生的最根本的后果是这个需要被平息，一个更高级的需要出现"，这也就是说，某一水平的需要至少部分得到满足，才会萌发下一水平的需要，只有低级需要得到满足或者部分得到满足之后，高级需要才会成为行为的重要决定因素，即人的需要是从外部得来的满足逐渐向内在得到的满足转化。

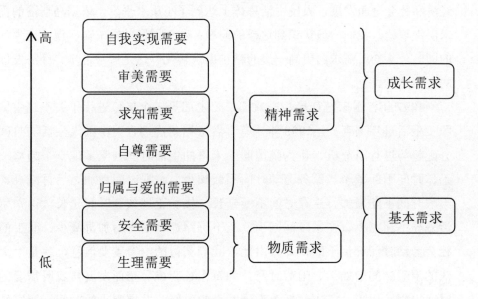

马斯洛需要层次论

任何真正需要的满足都有助于个性的改进、巩固和健康发展。戈尔茨坦把任何特定需要的满足都看作是在长远意义上向自我实现前进了一步。而高级需要的满足能够引起更合意的主观效果，即能够产生更大的幸福感、宁静感以及对新生活的满足感。同时，对高级需要的追求和满足，具有有益于社会和公众的效果，在一定程度上，促使形成更伟大、更坚强以及更真实的个性，促进个体更好的成长，是个体或者整个社会趋于健康的一种表象。

实验验证，一个国家多数人的需要层次结构，是同这个国家的经济发展水平、科技发展水平、文化和人民受教育的程度直接相关的。换句话说，一个国家人民的生活水平提高了，相应的人民的需要层次也会有所提升，即大众的需求会在社会环境的影响作用下，随着个人经济能力的提高，其对生活质量的要求也提高，主要表现为对丰富的精神生活的需求不断扩张。

（二）我国国民生活现状及国民需求

国家"十五计划"纲要显示，经过"九五"期间的国家建设，人民生活水平大大提高，"消费结构改善，农村贫困人口的问题已经基本解决"。

在新世纪来临之际，"我国胜利实现了现代化建设的前两步战略目标，经济和社会全面发展，人民生活总体上达到了小康水平"。依据马斯洛的需求层次理论，我们应该认识到这样的问题：我国国民的需求在实现小康生活的同时，从物质需求向更高一级的精神需求转化。这是国家进步、经济发展的必然结果。

1997 年，国家统计局、民政部、卫生部等 6 个单位进行了关于《中国职工生活进步调查》，1998 年，有学者依据此次调查对中国人生活的时间分配趋势进行了分析，认为我国职工未来的生活时间分配呈现十个趋势：工作时间不断减少、家务劳动时间不断减少、睡眠时间增加之后再减少、闲暇时间不断增加、生存时间不断延长、接受正规教育时间延长、性别生活差异不断缩小、在家时间减少、上下班路途时间先增加再减少、职工的社会劳动时间价值不断提高。由此，我们获得的一个重要信息，就是"大众的闲暇时间增加"。闲暇时间，为每个社会成员全面发展自我所需要的时间提供了保障，其中包括个人受教育的时间、发展智力的时间、履行社会职能的时间、进行社交活动的时间、自由运用体力与智力的时间，与之相应的让人们能够腾出时间，使人们在艺术、科学、能力等方面得到提高和发展。因此，文明健康的闲暇生活是个体全面发展的重要条件，是充实人生的精神享受，是获得社会信息、丰富社会生活的重要渠道，是接受思想道德教育的重要形式。

在 1996 年的一项关于青年生活质量的调查报告中发现，对文化生活处于不满意状态的青年群体中，以农民、工人和商业服务人员的比例最高，在 2002 年的一项调查中显示，农民工的主要娱乐方式是看电视、打牌、闲聊等。总之，在文化共享工程实施以前，国民的业余文化生活因地方政府不够重视，或设施不到位，或资源缺乏等原因，总体质量不高，总体存在这样的一些问题：闲暇生活的物质基础比较薄弱；休闲行为庸俗化，且伴有机械、被动、低效益的现象；文化精神产品仍然欠缺，与大众的需求量不能挂钩；网络信息资源的糟粕文化对青少年带来负面影响；社区建设理念不能跟上时代的步伐，有与社区民众的需求出现脱节的情况；农村居民的业余文化生活更是重视不够，缺资源、缺方法、缺设施限制了基层文化建设的发展。

二、新农村建设的需要

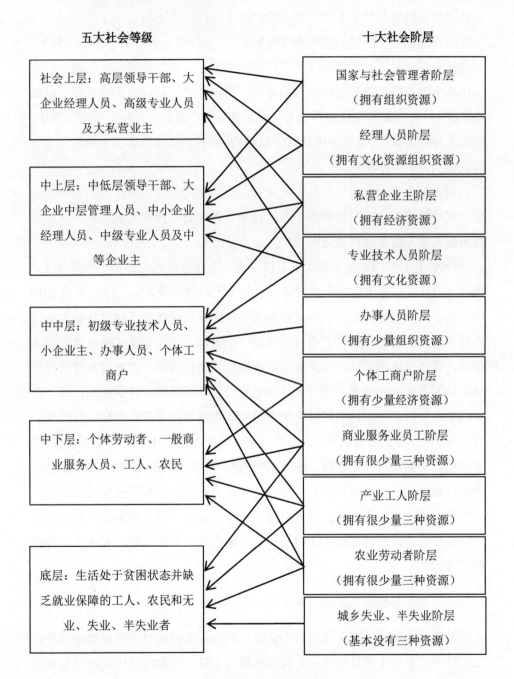

当代中国社会阶层结构图

33

改革开放以来,伴随着国家经济体制的改革与信息化的逐步推进,我国的社会阶层结构也发生变化,传统的"两个阶级一个阶层"(工人阶级、农民阶级和知识分子阶层)的社会结构分化,一些新的社会阶层出现。1999年,中国社会科学院成立了"当代中国社会结构变迁研究"课题组,课题组经过三年的全国范围内的调查、研究和分析,提出了"以职业分类为基础,以组织资源、经济资源和文化资源的占有状况为标准"的新的社会阶层划分方法。按照此种分层原则,当代中国社会阶层结构由10个社会阶层和5种社会地位等级组成,如上图所示。

由此划分原则,我们可以看出两点,一是文化资源在决定人们的社会阶层位置时的重要性,二是产业工人、商业服务业员工特别是农民劳动者在文化资源占有方面是比较缺乏的。

1998年10月14日,党的十五届三中全会在分析国内外形势的基础上,通过《中共中央关于农业和农村工作若干重大问题的决定》,提出了到2010年建设有中国特色社会主义新农村的奋斗目标,明确指出了建设社会主义新农村在经济、政治和文化上的目标任务,指出,"农村精神文明建设的根本任务,是全面提高农民的思想道德素质和科学文化素质,为农村经济社会发展提供强大的精神动力、智力支持和思想保证"。其中,特别强调,要"在文化上,坚持全面推进农村社会主义精神文明建设,培养有理想、有道德、有文化、有纪律的新型农民"。同年11月,为贯彻落实十五届三中全会精神,文化部就加强农村文化建设,提出《关于进一步加强农村文化建设的意见》,指出,各地要在"提高认识""加强文化设施建设""积极开展文化活动""繁荣农村文艺创作""搞好重点文化建设活动""稳定和提高农村文化建设队伍"等方面加强农村文化建设,这为解决农民文化资源占有的不平等指明了方向。

(一)新农村文化建设的重要性

新农村建设离不开文化建设,文化是社会主义新农村的重要组成部分,是农村全面实现小康目标的思想保障和智力支持,而农村文化建设又是社会主义文化事业的基础。因此,从根本上说,农村文化建设水平的高低、质量的好坏，不仅仅是新农村建设目标实现的重要的衡量指标，同时也会成为衡量一个民族文化素质高低的重要标志。

1.繁荣农村文化，为新农村建设提供精神动力与智力支持

农民是农村社会的主体，农村发展的关键在农民，农村经济发展缓慢，与农民的文化水平有着直接关系。长期以来，农民因为受农村生活环境相对封闭的影响，教育水平落后，文化素质普遍偏低，思想观念落后，劳动技能和劳动效率低下，小农意识根深蒂固，长期停留在"二亩地，一头牛，老婆孩子热炕头""靠山吃山，靠水吃水""早上听鸡叫、白天听鸟叫、晚上听狗叫"的生活状态下，缺乏对科学技术、新型农民、新型农业的认识。伴随着信息时代的到来，农村信息化成为国家农村发展的主流趋势，农业生产逐渐走向规模化、集约化，我国农村传统的生活生产方式跟不上现代农业发展的步伐，与新农村建设目标也相距甚远。农民传统的思想观念、价值观念以及生产生活方式都需要改变，以适应社会的发展。因此，繁荣农村文化成为新农村建设的重要任务。

繁荣农村文化，可以传播先进的文化信息与农业技术信息，扩充农民的经济知识、管理知识，培养科学种田、科学管理、科学经营的意识，实现其向新型农民的转变；繁荣农村文化，可以提高农民素质、开启农民智慧，增强农民进行农村建设的精神动力，推进农村生产发展，促进社会主义新农村的现代化进程；繁荣农村文化，可以改善农村文化环境、丰富农民生活，促进农村和谐文明建设。总之，农村文化的繁荣，是从精神上、科学技术上引导农民脱贫致富的有效途径。

2.繁荣农村文化，有利于加快农村城镇化步伐

2002 年 11 月，江泽民同志在党的第十六次全国代表大会上，发表题为《全面建设小康社会，开创中国特色社会主义事业新局面》的报告，提出"全面繁荣农村经济，加快城镇化进程"的目标任务，这是我国首次正式提出统筹城乡经济社会发展的战略，报告指出，"统筹城乡社会经济发展，建设现代农业，发展农村经济，增加农民收入，是全面建设小康社会的重大任务"。城乡二元经济结构一直是发展中国家社会进步与发展过程中存在的一个主要问题，要解决这一突出矛盾，就必须解决城乡发展的不均衡问题，而城乡发

展的不均衡不仅仅体现在物质方面，更重要的是体现在精神层面的文化建设上。文化的发展与经济的发展息息相关，两者相互促进、相互制约、相互影响，经济的发展离不开文化的繁荣与进步。农村文化发展上去了，势必带动经济的发展，拉动农村消费市场，进而有利于城乡经济结构的调整，促进共同富裕和社会的和谐稳定。

农村人和城市人的最大区别，通俗地讲，就是一个"洋"一个"土"，这种差异，归根到底，文化是始作俑者。而农村城镇化，不仅要改变农村的经济，还要改变农村的人，让生活在农村的人与城镇化的新农村环境相适应，才是真正实现农村城镇化。我们要从根本上改变农民的形象，就要从提升农民素质入手，加强农村教育和文化的发展步伐成为农村城镇化必须要迈过去的一个坎。

（二）新农村文化建设的迫切性

农村文化建设是新农村建设的重要组成部分，但是在文化共享工程实施以前，我国农村文化建设存在诸多问题，严重阻碍了新农村建设前进的步伐。

1.政府经费投入不足，基础设施落后

农村文化建设，需要足够的资金支持才能稳步推行。但是长期以来，受传统的先经济后文化的发展战略思想的影响，地方政府将经济建设列入地方建设的重中之重，这一点无可厚非，但是对文化建设的不重视，却与国际形势、国家整体发展战略是相悖的。我们知道，伴随着全球信息化时代的到来，信息化一步步渗入到国家建设的各个领域以及人们的工作生活中来，农业信息化、新型农业也随之诞生，这对农民提出了高要求，农民依靠传统生产技术劳作已经不能跟上时代的步伐，农民需要先进的文化滋养，需要先进的科学技术指导。但是，纵观国内农村特别是欠发达地区的农村地区，文化建设因为地方重视不够，或者因为地方政府的"心有余而力不足"而滞后于城市。因为资金投入的不到位，导致了文化基础设施比较落后。近年来，虽然农民网民的数量有所增加，但是比例还很小，与计算机网络的脱钩，将会让农民与许多前沿信息失之交臂，从而与信息世界出现沟壑，限制了个人的发展。

2.资源缺乏失"需"，农民文化生活匮乏

俗话说，"两个月过年，两个月种田，八个月休闲"。农民的闲暇时间与城市上班一族相比较而言，还是比较富裕的。但是农民的业余文化生活与城市上班族比较起来，却是严重缺乏的。城市上班族在休息的时间，可供选择的文化活动很多，他们可以去电影院看一场国外或者国内大片，可以在阳光午后去咖啡馆喝一杯咖啡放松身心，可以去卡拉 OK 唱一曲放松心情，可以去街角公园享受午后阳光，可以结伴到周边来一次短暂的旅行，或者可以去图书馆补充一下知识等等。但是对于农民来讲，他们大多数仍然过着传统的"日出而作，日入而息""冬天晒暖、夏天歇凉"的生活，单调而乏味，因为农村没有剧院、没有咖啡馆、没有公园，甚至有很多地方图书室也是形同虚设，书籍陈旧、无人管理，对于他们来说，看书难、看戏难、看电影难、收听收看广播电视难（"四难"），而这种传统的生活模式会逐渐消磨掉农民创新生产的精神动力。同时，文化生活的匮乏，导致了精神上的空虚，进而也导致了农村赌风的抬头，随着农民生活的日益富裕，"黄、赌、毒"在一些地区更加盛行，"衣食不用愁，住着小洋楼，土地不用兴，处处麻将声"就是一些地区的农民生活写实。

（三）传统民俗文化日益衰落

中华民族传统文化一直被视为我国的瑰宝，但是，在时代进步的同时，却出现了一些传统文化被历史逐渐掩埋的迹象。我国许多传统文化都是来源于农村，可以说，农村民俗文化是我国优秀文化的重要组成。然而随着西方文化的渗透，年轻的一辈逐渐被多元文化所侵染，他们追求的是先进的科技，看不上老一辈的"手艺"，许多民间艺术面临失传的风险。

因此，整合农村传统文化资源，让这些优秀的民族文化得以传承下去，成为农村文化建设一个重要的思考命题。

第四章 文化共享工程实施过程

第一节 初步探索阶段：十五时期

在文化全球化的国际背景与国家对文化日益重视的国内背景下，从提高国民生活质量的需要、新农村建设的需要、弘扬中华优秀文化的需要出发，以全面提升基层文化单位的公共服务能力以及解决国家数字图书馆工程数字资源内容缺项的实际问题为目标，2001 年 10 月，国家文化部与财政部联合研发全国文化信息资源共享工程试验系统，该系统在北京和内蒙古分设四个点。2001 年 12 月 26 日，国务院法制办、北京市大运村、北京市北辰小区、河北围场一中分别对试验系统进行了测试，四个分点分别通过互联网和卫星接收方式，成功接收到了从北京国家图书馆传出的数据，这标志着文化共享工程试验系统研制成功，这为下一步工程的开展奠定了基础。

一、建立试点

2002 年 4 月 22 日，全国基层文化工作会议在北京召开，文化部与财政部在会上联合下发了《关于实施全国文化信息资源共享工程的通知》，该文件的公布标志着文化共享工程正式启动。依据文件精神，文化部将于 5 月 10 日组建全国文化信息资源共享工程国家中心，以承担文化共享工程文化信息资源的整合、数字化加工、协调服务和管理等职责。

基于落实《关于实施全国文化信息资源共享工程的通知》的相关要求，在 2002 年 7 月 3 日至 5 日，文化部于山西省太原市首次召开"全国文化信息资源共享工程试点工作会议"，针对文化共享工程的初步开展进行了部署，此次会议下发了《全国文化信息资源共享工程管理暂行办法》《全国文化信息资源共享工程第一阶段资源建设实施方案》（征求意见稿）与《全国文化信息资源共享工程专项资金管理暂行办法》等三个文件。与会代表通过对文件的学习与讨论，认为文化共享工程在初步的实施过程中，适合"因地制宜"建设且文化共享工程建设的重点应该是西部地区，各地应该充分认识并做好文化共享工程的宣传，站在可持续发展的高度开展工作，取得当地政府、公众以及各行业的理解与支持的同时，国家中心应该为地方工作人员提供专业培训等。文化部副部长周和平在进行会议总结时，进一步强调了对文化共享工程的认识、规划、技术、经费、队伍以及协调管理等问题。会议最后，国家中心常务副主任富平与山西省、福建省、四川省、湖北省、广西壮族自治区桂林分中心和陕西省的几位负责人签署了试点工作实施协议。

此次会议结束后，除去与国家中心签订试点协议的 6 个省份外，国内其他各省也开始积极投入到文化共享工程建设的工作中来。2002 年 7 月成立的河北省分中心，成为全国首家采用独立编制体制的"文化信息资源共享中心"；随后，山东、北京、青海、贵州、湖南、浙江、江苏、河南、上海等地相继成立文化共享工程省级分中心。

二、启动应用

2003 年 1 月 26 日，由文化部、中央文明办与财政部共同主办的以"共享网络资源，传播先进文化，丰富群众生活"为主题的"文化信息进社区"活动在北京西城区二龙路社区举行了启动仪式。该活动利用"文化共享工程"所提供的网上数字文化资源，通过镜像、互联网、卫星和远程直播等现代信息技术，组织开展体现社区特色、群众喜闻乐见且便于参与的各类文化信息服务。同时，该活动在全国各地同时启动。这一活动的开展，拉开了文化共享工程由"建"到"用"的序幕，自此，文化共享工程服务于民之路正式开启。

三、全国推广

2005 年 2 月 25 日，在召开的全国文化信息资源共享工程会议上，文化部副部长周和平指出，要"把文化共享工程建设推向新阶段"，要"积极争取各级领导的重视，把文化共享工程纳入到各地党委和政府的重要议事日程"，文化共享工程在 2005 年的工作要有"大突破、大发展"。同日，中共中央办公厅、国务院办公厅转发《文化部、财政部关于进一步加强全国文化信息资源共享工程建设的意见》，明确部署了文化共享工程今后未来的工作思路与发展方向，文件强调指出，文化共享工程的核心是数字资源建设，在资源建设方面，一定要遵循"需求牵引"的原则，到 2010 年，形成国内较大规模的分布式文化信息资源库群；在服务平台建设方面，按照"科学设计，合理布局"的方针，在全国建立若干个镜像站点，在 2010 年以前，基本完成全国市、县分中心的建设；在服务方面，要创新手段，争取与各级部门合作，实现"共建共享"，要规划好与"农村中小学现代远程教育工程""农村党员干部现代远程教育试点工作"的结合，借助这两个网络平台发布文化共享工程优秀的文化信息资源，并以此为依托，通过多样的服务方式，为广大农村基层群众提供娱乐性强、知识丰富、实用性强的文化信息服务。

2005 年 2 月 28 日，国务委员陈至立在出席全国文化信息资源共享工程电视电话会议上指出，要按照"统筹协调、加强支持、形成合力、促进发展"的原则，积极协调社会相关机构、社会团体与个人等的参与，共同推进文化共享工程的全面建设，其对文化共享工程的未来发展提出了五点要求：①完善文化共享工程工作机制，建立科学规范的文化共享工程管理体系；②以满足广大群众的文化需求为目标，继续推进文化共享工程的资源建设，进一步整合、筹集、加工全国各地的中华传统优秀文化资源，建立区别于一般文化网站的规模化的分布式传统文化资源库群；③综合国内外文化产品版权问题的处理方案，妥善解决文化共享工程数字文化资源的版权问题；④加快文化共享工程服务网络在基层的铺摊建点工作，并以此为依托，强化文化共享工程的服务功能；⑤加强文化共享工程各级中心的网站建设，不断完善文化共享工程的技术平台、服务平台、资源集散平台。陈至立同志的讲话不仅是对文化共享工程工作的肯定，重要的是他对文化共享工程工作的进一步开展提出了要求，各省级分中心针对其提出的五项工作要求，在《文化部、财政部关于进一步加强全国文化信息资源共享工程建设的意见》的指导下，继续"因地制宜"的广泛开展文化共享工程建设工作。

四、初步探索阶段工程建设小结

文化共享工程建设在初步探索阶段呈现的主要特点是：从"摸着石头过河"到"思路逐渐清晰"，各地在建设过程中"因地制宜"，逐渐探索出合作共建以实现文化共享资源更大范围覆盖的建设模式；从试点建设到全国推广，试点建设的成功为非试点省、县市等提供了参考，用事实证明了文化共享工程实施所具备的重大意义；从建设为重逐渐向服务应用转移，文化共享工程建设初期，重在服务点的建设、资源建设、平台建设等，在这些工作逐步走向常规道路时，开始思考怎样让资源被大众利用；管理逐步规范，关于资源建设、服务平台、人员培训等相关文件的逐渐出台为文化共享工程走向常规化奠定了基础。

总的来说，文化共享工程在探索发展阶段取得了较大的成果，体现在：

1.领导高度重视，政府财政支持，保证文化共享工程的顺利开展。

2.以合作共建为依托，初步搭建了文化共享工程服务网络体系。

3.规划资源建设方案，督促各地特色资源的申报与加工。

4.技术支撑平台渐成体系。

5.服务效果初步彰显。

第二节 普遍发展阶段：十一五时期

一、开展文化共享工程试点工作

在 2006 年 6 月 22 日举办的全国文化信息资源共享工程经验交流会议上，文化部提出从 2006 年 7 月到 2007 年 6 月，在全国开展文化共享工程试点工作。经与地方协商，文化部确定山东、浙江两省为试点省，文化共享工程建设将在上述两省 28 个地市、230 个县市区全面推开；确定河北省廊坊市，广东省佛山市、东莞市，河南省焦作市，贵州省遵义市共 5 个市为试点市，文化共享工程建设将在上述 5 个市所辖的 40 个县全面推开。此外，还确定了 242 个试点县，主要分布在中西部地区。全国共 512 个县将加入文化共享工程试点建设行列。

二、与相关项目合作共建

（一）与全国农村党员干部现代远程教育合作

2006 年 12 月 6 日，全国文化信息资源共享工程领导小组办公室与全国农村党员干部现代远程教育（简称"农远"）试点工作领导协调小组办公室联合下发通知，要求山西、辽宁、吉林、黑龙江、江苏、浙江、山东、河南、湖南、贵州省、新疆维吾尔自治区与四川等 12 个省、区，做好文化共享工程与农村党员干部现代远程教育工程的资源整合工作。这是自 2005 年 1 月 14 日文化部和教育部联合下发在农村中小学实施文化共享工程文件之后，文化共享工程与相关项目开展合作共建的又一重大举措。

（二）与全国扶贫办全国贫困地区干部培训中心合作

1990 年 2 月，全国贫困地区干部培训中心成立，其主要职责是对全国贫困地区党政领导干部进行有关扶贫开发方面的培训，对贫困地区乡村干部培训和农民实用技术培训进行指导。2003 年，为进一步提高贫困人口素质，加快贫困地区社会主义新农村建设，全国扶贫办计划实施"雨露计划"，其主要包含贫困家庭新生劳动力职业教育培训助学、贫困家庭劳动力扶贫产业发展技能提升、贫困家庭青壮年劳动力转移就业培训、贫困村产业发展带头人培训等四大工程。为推动工作的进度，国务院扶贫办先后认定了 31 个贫困劳动力转移培训雨露计划示范基地，各省市也根据本省情况建立了雨露计划培训基地，逐步形成了覆盖贫困地区的培训网络。雨露计划培训本着"干什么、学什么、教什么"的原则，有针对性地进行职业技能培训。

2008 年，为扩大文化共享资源的利用面，本着共建共享、不浪费资源、不重复建设资源的原则，文化共享工程管理中心在文化部指导下，与全国扶贫办全国贫困地区干部培训中心合作开展"雨露计划·文化共享"项目，其试点为河北省沧州市雨露贫困农民职业培训学校，此后，项目还将在全国选出一批符合要求的贫困地区建立劳动力转移培训学校合作项目示范基地。

与雨露计划的合作，旨在将文化共享工程丰富的数字文化资源，包括农业种植养殖技术、农民工技能培训、科普讲座、优秀电影电视片、舞台艺术精品等，通过文化共享工程互联网、局域网和卫星系统等资源传输渠道，免费提供给劳动力转移培训学校，为扶贫、助贫、脱贫工作贡献力量。

（三）与中国图书馆学会合作

2006 年，为响应党中央关于建设社会主义新农村、繁荣和发展农村文化事业的号召，中国图书馆协会决定组织与协调全国图书馆界的资源和力量（有影响的理论工作者和实际工作者），在本年度 7 月至 8 月开展"基层图书馆培训志愿者行动"，对欠发达地区县级图书馆管理者为主的基层图书馆工作者进行专业培训。此次主讲人在全国范围内招募，最后确定 26 名，招募的主讲人有来自华东师范大学、南开大学、北京大学、西北大学、中国社科院文献信息中心的专家学者，有来自国家图书馆、部分省市公共图书馆、科研系统图书馆、高校图书馆与中学图书馆的管理者或实际工作者，此年度对三个地区的基层图书馆馆长进行培训，分别是湖南省衡阳市、陕西省榆林市、黑龙江省牡丹江市，参加培训人次达 300 多名。此次活动取得了圆满成功，通过培训，开拓了基层图书馆管理者的管理视野，提升了其对现代图书馆管理的认知，使其对基层图书馆的未来发展设计思路有了很大的改变。在此次活动成功举办的基础上，中国图书馆协会决定将"志愿者行动"逐年延续下去。2007 年志愿者增加到 40 人（3 人来自海外），培训省份 6 个，分别是甘肃、河北省、青海省、四川省、广西、山西，参加培训的人员达 621 名；2008 年，有 16 名志愿者参与行动，其中 8 人是大学教授，6 人是图书馆馆长，2 人是图书馆的部门主任，培训对象是湖北、安徽、吉林、贵州、河南、山东，参加培训的人员达到 708 人。可以看到，志愿者行动在基层的培训活动影响面越来越广，参加培训的人员不断增加。

文化共享工程与相关部门、系统的合作共建在十一五时期的进展是相当顺利的。在国家管理中心的带动牵引下，地方在完善与"农远"、网站、高校图书馆合作的基础上，依据本土情况，积极探索与其他部门的合作，以推动文化共享工程在本地区的建设步伐，扩大文化共享的影响面，如山东省分中心与山东省政协合作启动了"数字图书馆进政协"项目。

三、文化共享工程"进村入户"

文化共享工程在完成"进村"工作，实现村村覆盖之后，就要进一步考虑实现"入户"的问题，即让老百姓足不出户就可以享用"文化大餐"。

2008 年 10 月，辽宁省委、省政府在广泛调研分析的基础上，提出了用已覆盖全省 98% 以上地区的广播电视村村通网络来传输文化共享工程信息的工作思路，这一想法得到中宣部、财政部、文化部、广电总局肯定，认为是文化共享工程建设上具有示范意义的创新之举，称为"辽宁模式"。2009 年 1 月 19 日，文化共享工程辽宁平台开播，自此，广大农民在家里用电视机就能收看到优秀的文化信息。

2010 年，甘肃省分中心经与甘肃电视台协商，分别于 4 月 14 日和 27 日，在甘肃卫视《中国西北角》栏目中播出由省分中心征集制作的《武威攻鼓子》和《凉州贤孝》两部非物质文化遗产专题片，向当地人民传送地方文化资源。

四、县级数字图书馆推广计划

国家数字图书馆工程是我国"十五"期间开展的一项重点文化建设项目，同时也是我国第一个国家级的数字图书馆工程，其目标是建成世界上最大的中文数字信息保存与服务基地，成为推进文化创新、繁荣和传播社会主义先进文化的基础性文化惠民工程。国家数字图书馆工程建设资源在逐步丰富的过程中，开始思考通过多种渠道提高其服务效益，即资源利用率。文化共享工程建设凭借"因地制宜"的建设模式和多部门合作共建的机制，在 2010 年基本实现了"村村通"，两者在一定程度上有很大的相似之处，如果能够结合，势必带来双方的共同发展，同时更好地为基层大众服务。

基于此，文化部于 2010 年 2 月 1 日正式启动"县级数字图书馆推广计划"。目标就是推进国家数字图书馆的成果利用。其实施主要由国家图书馆和文化共享工程管理中心共同负责，其中，国家图书馆负责遴选、提供数字图书馆资源，文化部全国文化信息资源建设管理中心负责配送。国家图书馆配合全国文化信息资源建设管理中心负责培训工作。各省（区、市）文化厅（局）负责落实本地区分批推进的计划安排。各省级图书馆（文化共享工程省级分中心）负责本省的资源安装和培训工作。

从根本上看，"县级数字图书馆推广计划"的实施，参与的三方都将会获益，对于文化共享工程管理中心和国家数字图书馆来说，两者的联合，一是避免了资源的重复建设，二是促进了双方的资源利用率；对于县级数字图书馆来说，其数字资源得到很好的扩充，从而更加有利于开展数字图书馆服务，以满足基层大众的文化信息需求。

五、普遍发展阶段工程建设小结

总的说来，文化共享工程在"十一五"期间取得了长足的进展。截止到 2010 年底，已建成 1 个国家中心，33 个省级分中心（覆盖率达 100%），2867 个县级支中心（覆盖率达 95%），22963 个乡镇基层服务点（覆盖率达 67%），59.7 万个村基层服务点（覆盖率达 98%），累计为 9.6 亿人次提供了公共文化服务。通过广泛整合图书馆、博物馆、美术馆、艺术院团及广电、教育、科技、农业等部门的优秀数字资源，全国文化信息资源共享工程数字资源建设总量已达到 108TB，整合制作优秀特色专题资源库 207 个。其通过多种传输渠道，实现资源的广覆盖；同时通过"五进"（走进社区、走进农村、走进学校、走进军营、走进企业）等服务方式，从一定程度上满足了基层群众"求知识、求健康、求富裕、求快乐"的文化需求。2010 年 12 月 18 日到 12 月 28 日，文化部、财政部联合中国美术馆通过图片形式，对文化共享工程"十一五"期间所取得的成果进行总结，并制作成视频形式放在文化共享工程网站上以供国人了解文化共享之举措的意义。

文化共享工程建设在十一五时期取得了跨越性的发展，技术完善、服务手段多样化呈现、资源建设目标逐步清晰化、队伍培训常态化，但是，我们应该看到，文化共享工程在快速发展的时代背景下，与其最终要实现的目标还存在着距离，其主要体现在：

1.新技术的应用带来的服务手段的改变；

2.资源建设的特性不够，定位上仍然存在问题；

3.专职工作人员仍然匮乏；

4.大众的认知度仍然偏低，宣传推广没有到位。

第三节 巩固提升阶段：十二五时期

一、继续推进服务网络的全覆盖

截止到 2010 年底，文化共享工程在省一级达到 100%的覆盖，但是在县级、乡镇、村的覆盖并没有达到 100%。在边远山区、边境地区的很多地方，文化共享工程服务仍没有触及，因此，在"十二五"时期，文化共享工程将继续推进服务网络的覆盖计划，力争完成"文化共享高速公路"建设的"最后一公里"。

（一）构建"边疆万里数字文化长廊"

边疆万里数字文化长廊是我国继"边疆万里文化长廊"之后，顺应信息时代的发展而实施的一项公益文化项目,其将在我国沿边沿海的 18 个省（区、市）与新疆生产建设兵团已建的文化共享工程乡镇/街道、社区/村等基层服务点网络构成的文化共享网络系统基础上，以提升边疆地区公共文化服务效能为目标，整合加工边疆特色数字文化资源，运用互联网与移动通讯等现代信息技术，进一步消除盲点、连点成线、连线成网，构建环绕我国边疆地区的广覆盖、高效能的公共数字文化服务网络，形成一条长达万里的"廊"形文化地带。

"边疆万里数字文化长廊"的构建，一是突破了按照行政区划设点的局限性，以边疆地区的人口、边防、地理与对外交流等功能特点作为铺设依据；二是突破了现有的固定服务模式，重点突出流动服务与无线多终端服务；三是强化了边疆地区特色资源的采集与整合加工，开展定制资源推送服务。

（二）数字文化走进蒙古包

在文化共享工程提出构建"边疆万里数字文化长廊"的建设性意见之后，内蒙古自治区分中心针对内蒙古人文、地理环境的实际情况，开创并实施"数

47

字文化走进蒙古包"工程项目。该项目的特色是，在现有文化共享工程网络架构和服务模式基础上，利用无线 WiFi 技术以及智能手机、平板电脑等移动终端，实现数字文化服务的提供。这一服务模式实现了由过去的"点线服务"模式向"网面服务"方式的转变，在数字文化服务上是一种突破和创新。其主要思路可概括为一句话，即"三级加油站，服务无盲区"。

自 2012 年 8 月启动，"边疆万里数字文化长廊·数字文化走进蒙古包"项目，已实现在内蒙古全区 7 个盟市 14 个旗县建设了一级数字加油站（数字文化资源服务设备、应用平台和数据库）15 个、二级数字加油站 2 个、三级移动数字加油站 70 个，服务网络覆盖的地域面积达 42000 平方公里，累计服务农牧民达 10 余万人。

从根本上说，"数字文化走进蒙古包"工程的实施打通了公共数字文化服务"最后一公里"的服务瓶颈，在消除牧民与城市居民之间的数字鸿沟上迈出了关键的一步。

二、服务新思路：拓展与深化

（一）实施"公共电子阅览室建设计划"

"公共电子阅览室建设计划"是在 2011 年初我国实行"三馆一站（美术馆、公共图书馆、文化馆/站）免费开放"之后，国家文化部、财政部联合推出的一项旨在推进我国公共文化建设的公益性文化项目。其通过与文化共享工程建设、乡镇文化站建设、街道/社区文化中心（文化活动室）建设、中央文明办组织实施的"绿色电脑进西部"工程等结合，依托文化共享工程的服务网络，以及文化共享工程与国家图书馆的数字文化资源，以未成年人、老年人、进城务工人员等弱势群体为重点服务对象，在城乡基层大力推进，努力构建一个内容安全、环境良好、服务规范、覆盖广泛的公益性互联网服务体系。

"公共电子阅览室建设计划"分三阶段进行，试点建设（2011 年，首批试点包括北京、天津、辽宁、上海、山东、广东、安徽、浙江、陕西等 9 省）→逐步推进（2012-2013 年）→全面完成（2014-2015 年），其实施内容主要包括"推进免费开放""完善设施条件""丰富资源内容""建设新的技术支撑平台""制定标准，强化管理""建立长效运行保障机制"等。

（二）合作共建的新努力

在"十二五"时期，文化共享工程继续推进与相关部门的合作，以提升工程的社会效益。如管理中心与妇联合作，通过赠送少儿资源的方式协助其所主办的"学习雷锋在行动——童心有爱绽放未来"活动；2013 年，重庆市分中心通过与长江轮船公司合作，将文化共享工程资源及服务覆盖到重庆长江轮船公司的 14 个职工书屋、2 艘两江游游船、4 艘江山号游船，其中 2 艘两江游游船还配置了电脑，供船员及游客浏览文化共享工程平台资源，将文化共享工程覆盖到"海域"。

（三）推进"农村实用人才培训"

农村实用人才是农村经济发展的带动力量，因此，推进农村实用人才培训就显得至关重要。文化共享工程服务基层的主要目标，决定了其需在农村实用人才培训上发挥光热。事实上，文化共享工程很早就在资源建设方面，为农民提供种植、养殖等相关知识版块，而各基层服务点也积极利用文化共享工程的资源开展农民各项技能的培训。其中，最典型的就是云南在全国首创的"农文网培学校"，其所取得的显著效果，在国内起到了很好的启示作用。2011 年 4 月，在文化共享工程"农村实用人才培训经验交流会"上，该模式得到一致好评并倡议推广。

三、打造技术支撑平台

2012 年 12 月，以提升文化共享工程和公共电子阅览室惠民的能力和水平为目标，本着"共享先进科技，助力文化民生"的原则，管理中心与华为技术有限公司、天闻数媒科技（北京）有限公司共同签署了三方战略合作协议。管理中心希望，凭借华为与天闻数媒在 IT 信息化、云技术应用以及数字资源建设等领域内的优势，推动桌面云、云计算等先进技术在公共数字文化服务体系建设中的应用，进一步创新服务模式、建设公共文化服务数字支撑平台、提升文化共享工程和公共电子阅览室的建设水平。

此外，发展中心（原管理中心）在经过多次的调研和论证之后，推出"国家公共文化数字支撑平台"（以下简称"支撑平台"）项目。以文化共享工程现有服务网络与硬件设备为基础，运用云计算等先进技术，通过资源共享、智能调度、应用服务、管理监控等系统建设，提高信息基础设施的综合利用率，扩展数字资源的传播，提升服务的便捷性、针对性、实效性。

"支撑平台"的建设周期规划为 2013 年至 2015 年，分阶段在全国推广建设。在经过相关专家的多次论证后，"支撑平台"于 2013 年 12 月正式进入实施建设阶段，首批参加的试点包括北京、黑龙江、上海、湖北、浙江、陕西、广西等 7 省。

四、巩固提升阶段工程建设小结

总的来说，文化共享工程在进入"十二五"以来，开展的各项工作主要围绕"先进技术"展开，如果用一个字来形容目前这一时期的建设形象，那就是"变"，其所体现的"变"主要来源于工作思路的转变。

2012 年 10 月，在"2012 年度全国文化信息资源共享工程（中国文化报社）通讯员工作会议"上，管理中心主任李宏指出，文化共享工程经由10 年发展，已经进入"全面共享"的新阶段，他强调，文化共享工程在新的建设阶段，要努力实现三个转变，即"一是工作重点从侧重工程设施建设向侧重管理服务转变；二是建设方式从铺摊建点的规模化建设向专业化和品牌化转变；三是发展模式从单一化向社会化转变，努力使文化共享工程成为促进群众文化建设的有效载体"。这三个转变不仅是对文化共享工程过去工作的一个高度总结，更是对工程未来发展方向、建设重点指明了方向。而事实证明，目前来看，文化共享工程建设正是围绕这三个转变而展开。

此外，2012 年底，在文化部、中编办的合力支持下，管理中心正式更名为"文化部全国公共文化发展中心"（以下简称为发展中心）。此次更名，标志着管理中心职能上的转变，揭示了文化共享工程建设的转型升级，即"从单一的文化信息资源共享到全面的公共数字文化服务"。发展中心成立后，除继续开展文化共享工程建设之外，还肩负起全国公共文化服务队伍培训以及全国性大型群众文化活动组织实施的重任。

第四节 对文化共享工程建设过程的系统分析

一、建设流程

1.是一个逐步推进的过程，其最后的落脚点是"公共数字文化服务体系"建设；

2.规划合理，其各阶段建设围绕既定目标而展开；

3.其重点任务是实现文化共享工程资源的"进村入户"；

4.其工作的开展，离不开社会各界的广泛参与和互动，"合作共建"是其实现"进村"的辅助"工具"；

5.目前的"进村"目标已经基本实现，现阶段工作重点主要是借助新媒体技术实现"入户"，同时继续消除建设盲点，以达到"进村"的百分百全覆盖。

二、国家政策影响及作用

文化共享工程的实施立足于国家发展需要而提出，其成功运行与政府的支持是分不开的，同时，其进展、推进也深受国家相关政策的影响。

（一）明确文化共享工程建设的要求

提取出其中的关键词，如"突出""继续""推进""努力""加快"，可以看到，这种要求的层级基本上是逐渐"增强"的，如下图所示。

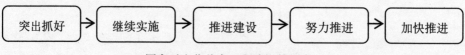

国家对文化共享工程建设的要求

（二）对文化共享工程建设的方向以及建设重点的指导作用

主要体现在：首先，从方向上来说，在文化建设的政府决策中，从强调"加快建立公共文化服务体系"到"促进基本公共服务均等化标准化"，相应的，农村文化建设也从强调"加快建立农村公共服务体系"到"有效整合各类农村文化惠民项目和资源，服务标准化"，作为公共文化服务体系的基础工程，文化共享工程的建设也在完成从"铺点建设"到"规范化标准化"建设的转变，发展中心李宏所强调的文化共享工程的三个转变与这一点也是相吻合的；其次，从内容上说，公共文化服务体系建设近几年一直强调的是，要"向农村和中西部倾斜"，文化共享工程建设的主要目标就是实现数字文化信息在全国的覆盖，特别是农村和中西部偏远地区，其在 2012 年，更是推出了"边疆万里数字文化长廊"，以进一步消除建设盲点。

此外，文化共享工程建设的稳步推进，也同样离不开自身的一步步规范化，这也能够从制定的系列政策看出。

三、资源构成分析

通过文化共享工程建设的过程分析与相关利益群体分析，我们可以看出，文化共享工程的资源库主要来自发展中心自建、各级分中心/支中心筹建、合作单位提供等。

文化共享工程的构成资源中，绝大部分资源来自地方和发展中心自筹自建，包括地方（33 个分中心）自建特色文化资源、发展中心筹建的系列特色文化资源库（国画资源库、古琴资源库、红军长征资源库、中国电影资源库、中国漫画资源库、中国昆曲资源库、党史资源库等），另外还有部分资源由各中心购买，其余的资源则是与合作部门之间共建，或者合作部门无偿贡献。

四、服务方式分析

文化共享工程建设的最终目标是让广大基层群众接触、认识、了解传统的优秀文化和先进文化。目前，文化共享工程的服务可以分为两方面：

　　一是利用文化工程筹建的优秀资源为公众进行各类培训（种植、养殖等）、各类讲座（科普知识、保健、文学欣赏、时政热点、民生问题、少儿阅读等）、节庆活动（猜灯谜、剪纸等）、放映活动（利用节假日在广场、文化站、村镇等播放优秀影片）、展览等，其方式主要是通过进社区、进企业、进农村、进军队、进学校等主动提供服务实现资源辐射到区域内相关群体。

　　二是将文化共享工程资源发布到互联网、电视网等，并通过辅助的光盘、移动存储设备等让资源辐射到区域内的用户群体，同时，还可以利用互联网文化共享工程平台，开展在线培训、在线讲座、网上跟我学、帮助打工群体购买火车票、开展在线知识竞赛等活动，以服务于区域内的服务群体，包括农民、学生、企事业单位职工、老年群体、城市务工人员等。

第五章 文化共享工程建设效果与分析

文化共享工程建设从"摸着石头过河",到大胆创新,逐步成为实现我国各地特别是西部偏远地区文化信息化的重要途径。十年磨一剑,其在文化资源数字化、基层图书馆自动化等方面取得了丰硕的成果,为我国现代文化建设奠定了坚实的基础。

对于文化共享工程实施效果的分析,主要从三个层面进行,分别是宏观层面、中观层面、微观层面。其中,宏观层面体现在,文化共享工程对消弭社会信息鸿沟的促进作用;中观层面体现在,文化共享工程对公共图书馆事业与公共文化服务体系建设的促进方面;微观层面体现在,文化共享工程对公共数字文化资源的充实与国民生活质量提高的促进方面。

第一节 宏观层面:消弭社会信息鸿沟

一、计算机设备增加助力"信息鸿沟"的消弭

文化共享工程的实施主要依靠的是先进技术,包括互联网、卫星、广播电视等。可以说,文化共享工程和互联网等先进技术之间是相互促进发展的关系。一方面,文化共享工程建设要借助于这些先进技术实现数字文化资源的建设、传播;另一方面,文化共享工程的实施,对这些先进技术在广大人民群众中的普及起到了一定的推动作用。互联网在中国的发展从 1987 年第一封电邮发出开始至今,经历了研究探索、蓄势待发、应运而起、发展大潮、繁荣走向未来等几个阶段,我国互联网普及、网民数量也随其发展而呈增长趋势。

互联网普及率与网民数量的增加受多方面因素的影响，其中包括经济因素、社会因素，而文化共享工程在其中所充当的角色，就是促进互联网的普及。其中关键的一点是文化共享工程所带来的计算机设备的增加，主要体现在两个方面，一是工程建设与服务的基本所需，二是公共电子阅览室建设的推动。

二、计算机技能培训助力"信息鸿沟"的消弭

对公众进行计算机培训是缩小信息鸿沟的基础工作，而面向公众进行计算机知识、操作方面的培训是文化共享工程服务的一项重要任务，各级服务中心在利用文化共享工程资源与设备进行相关培训方面一般都有安排。

总的来说，文化共享工程的实施对于我国互联网的普及起到了一定的推动作用，特别是推动了互联网在城市非工薪阶层、乡镇/农村居民、城市务工人员之间的普及。

第二节 中观层面：促进公共文化服务体系建设

一、推动公共图书馆的现代化发展

文化共享工程以各级公共图书馆作为主要的实施主体，势必将会带动公共图书馆的发展，同时，由于文化共享工程以现代先进技术为依托，因此从理论上来讲，将会很大程度上推动公共图书馆的自动化、数字化建设。

（一）公共图书馆机构数持续增加

伴随着我国公共文化的发展与广大群众对文化的需求，公共图书馆建设逐渐被重视起来，与此同时，在多种合力的作用下，我国公共图书馆机构数逐年增加，自改革开放至今，公共图书馆机构数增加了 1.5 倍。

（二）办馆条件大为改善，现代化程度提高

公共图书馆作为文化共享工程的主要实施单位，其软硬件设备必须达到一定的标准，才能推动文化共享工程建设的步伐，才能为公众提供相应的服务。这些要求在一定程度上刺激了公共图书馆向现代化发展的进度，主要体现在：公共图书馆硬件设施的改善，软件设施的加强，工作人员素质的提高等。公共图书馆这些有形、无形的改变，让公共图书馆以崭新的面貌呈现在公众的眼前，提升了公共图书馆的社会地位，进而提高了公共图书馆的服务效益，公共图书馆逐渐被公众肯定与接受。

公共图书馆服务效益的提升，首先得益于其软件、硬件设施的发展，这与政府支持是分不开的。纵观十年间政府对于公共图书馆事业的支持，主要有两大事件，一是将公共图书馆列为文化共享工程建设的主要实施单位，一是公共图书馆实现免费开放。这两大事件中，文化共享工程开始于 2002 年，图书馆免费开放正式实施于 2011 年，因此，从时间上来看，文化共享工程的实施对公共图书馆业务活动的正向刺激作用是比较大的。

二、促进覆盖全社会的公共文化服务网络的层级建设

文化共享工程的实施，首先是推动了实施主体公共图书馆、文化站的现代化发展；其次，文化共享工程通过与农村党员干部远程教育、农村中小学现代远程教育、政府外网、广电部门等的协作，以各级公共图书馆、社区和乡镇综合文化站等为中心，在全国范围内建立起一个层次分明的六级公共数字文化服务传播网络，即包括国家中心、省级分中心、地市级支中心、县级支中心、乡镇（街道）基层服务点、村（社区）基层服务点。而公共文化服务网络建设是我国公共文化服务体系建设的一项重要内容，从这一点上来看，文化共享工程服务网络的建设可以为我国开展公共文化服务提供便利，其所建立起来的六级网络可以作为覆盖全社会的公共文化服务网络的一条支路，贯穿并服务于我国的公共文化服务体系建设。此外，文化共享工程建设自然归属于公共服务体系建设的一部分，其是公共文化服务体系建设的基础工程。所以不管从以上哪个角度出发，文化共享工程的实施对于促进我国公共文化服务体系建设作用重大是毋庸置疑的。

第三节 微观层面：充实文化资料，提高国民生活质量

文化共享工程的实施基础有三个：一是公共图书馆、美术馆、博物馆、文化馆等公共文化服务设施机构在全国范围内的发展，二是已存在的中华优秀文化，三是互联网时代的先进技术。公共文化服务设施机构、优秀文化资源与先进技术手段共同构成了文化共享工程这一有机体，分别充当了文化共享工程有机体的心脏、脉络与血液的角色，三者的共同存在与相互作用赋予了文化共享工程"活"的形态，使其可以与公众之间"对话"，服务公众，而"对话"与服务的内容就是优秀文化资源。一方面，优秀文化资源的存在是文化共享工程得以实施的基础；另一方面，文化共享工程的实施，实现了优秀文化资源传播的同时，也实现了优秀文化资源的数字化存储。同时，优秀文化资源的广泛传播，也势必会有利于国民生活质量的提高。

一、充实国家公共数字文化资源

文化共享工程自实施以来，就一直重视其资源建设。为此，国家与地方政府相关部门制定了一系列关于资源建设的方案和政策，诸如每一年度发布的《地方资源建设指南》。在相关政策的指引监督下，在群众的支持配合下，国家中心及地方分中心建成了一批批优秀的文化资源，特别是地方特色文化资源，更是彰显了中国传统文化的延续与传承。

文化共享工程所建设征集的资源，通过互联网平台或者卫星平台发布，其互联网平台主要包括国家数字文化网、地方文化共享工程网站、地方数字文化网等。其中，国家数字文化网是文化共享工程的"总关口"，其建设的主旨是"共享先进科技助力文化民生"，网站容纳了包含文化共享工程建设在内的、国家公共文化发展中心在党和政府的方针政策指引下所建立的国家公共数字文化信息。同时，这里有关于文化共享工程建设的比较全面的介绍，包括工程动态、通知公告、工程简报、工程专报、工程宣传片、服务案例等

信息。可以说，国家数字文化网是全国文化共享工程建设的一个缩微图。

二、助力国民生活质量的提高

根据《中国人的生活质量报告》可知，影响人们的整体生活感受的指标在 2003 年增加了"个人业余生活满意度"指标。这与马斯洛需要层次论是相符的，不管是城市居民，还是农村居民，当其物质生活达到一定的标准后，他们对于高质量的精神文化需求将会逐渐膨胀。此外，影响人们生活感受的指标在每个时间段也是存在差异的，这主要和社会的发展、人们思想观念的转变有一定的联系。

就此而言，作为文化共享工程实施主体的各级公共图书馆、文化综合服务站、美术馆等的各项业务的开展，在提高居民生活质量方面，作用就不可忽视了。文化共享工程的实施，极大地丰富了居民的业余文化生活，这一点，从公共图书馆、各级服务站点举办的系列活动就可以看出来。

第六章 文化共享工程可持续发展战略设计

第一节 文化共享工程可持续发展影响因素

一、从文献梳理中发现问题

关于文化共享工程的研究文献，鉴于其所具有的中国特色，主要以国内文献为主。通过中国知网（CNKI），以"文化共享工程"为主题词进行检索，剔除新闻通告类，共检索到直接相关文章 374 篇。因为要从中挖掘问题，所以可以采用逐篇阅读排查、分析的方式，即系统综述法的分析方法。

经过阅读分析，在已有的文献中，提及文化共享工程建设中所遇到的问题的文献主要有 96 篇，提取关于文化共享工程建设存在问题的短语，共 80 个，再进一步分析，有些问题可以看成一类，如，资源陈旧、内容不丰富、利用率低、与需求不符，这些可以归结为关于资源的问题，以此为依据，对这些问题进行归类，可获悉，文化共享工程自建设以来，存在的问题主要有：

（一）制度方面

文化共享工程建设过程虽然制定了一系列的规范制度，但是这与让其规范化运行所需要的保障还存在一定的距离，体现在：①管理体系不完善，导致了管理的"松弛"、"不规范"、对职责的"模糊不清"以及上下沟通的不到位；②缺少评价、激励机制，这不利于把握工程的进展和建设侧重的把握；③财政制度不健全，地方投入不及时或投入偏重不同，进而导致了"基层服务点发展的不平衡"，此外，重要的是后续的运行经费、活动经费等保障机制缺失。

（二）资源方面

资源问题主要体现在：内容上，陈旧、不丰富、针对性不强、更新慢、特色不足、存在重复；建设上，标准不统一、归类混乱、重点不明确、征集与整合的难度大，且总量呈现不足。这些问题导致了资源吸引力不足、利用率低，其根本原因在于"资源与需求不符"。

（三）设施方面

设施落后是基层存在的主要问题；同时，因为管理的不规范、人才的缺乏，导致了"设备管理混乱""设施维护不到位""设备挪用""设备闲置"等系列问题。

（四）队伍方面

文化共享工程队伍存在的主要问题就是"结构的不合理"和"业务能力的不足"，这一问题在基层体现尤甚，具体而言，体现在：专业技术人员缺乏；管理人员流动性大。其根本原因在于"编制不能解决"，而这也是工作人员"服务意识不强"的原因之一。

二、从建设过程与效果中分析问题

（一）资源分类问题

各分中心资源库分类没有统一的标准，比较混乱，或基于主题分类（如以古代文化、革命文化、历史文化建筑等分类），或基于结构分类（如分别从文化人、文化机构、文化设施、文化生活等分类），或基于形态分类（如物质形态、意识形态、活动形态等）。这种分类的混乱不仅体现在各分中心之间，一个中心的资源分类也同样存在着这样的混乱。

（二）资源更新问题

更新不及时，是各地文化共享工程网站资源普遍存在的一个问题。这些更新不及时的资源，主要有网站统计分类的时政新闻、学术资源、影视资源等。

（三）资源类别问题

视频、音频、文字、图片资源分布不均，这也是普遍存在的问题之一，目前，有些地方仍然以文本和图片资源为主，严重缺少视频资源，吸引力不足，显得资源质量不高，同时会降低大众的利用率。

三、影响因素的确定

将以上两种途径所分析到的问题进行归类整理，得出影响文化共享工程建设发展的因素主要包含制度因素、资源因素、队伍建设因素等，具体而言，文化共享工程在目前的建设发展中突出的、亟待解决的问题有：

（一）制度方面问题汇总

1.管理体系不完善，管理"松弛""不规范"；

2.政策缺乏刚性，笼统，量化指标缺少；

3.评价、考核、激励制度等缺失，文化建设考核力度不大；

4.财政制度不健全，前期投入不均，且后续运行经费、活动经费等保障机制缺失。

（二）资源建设方面问题汇总

1.内容陈旧、不丰富、针对性不强、更新不及时、特色不足、存在重复建设；

2.标准不统一、归类混乱、重点不明确、征集与整合的难度大；

3.资源名称概念模糊，资源种类存在重合、难以区分的情况；

4.资源存在未归类情况；

5.视频资源存在不能播放、内容与题目不一致、画面不清晰、声音小、播放不流畅、画面小、播放器与浏览器不兼容、链接打不开等问题；

6.视频、音频、文字、图片资源分布不均；

7.缺乏系统、专业的完整体系；

8.缺少"高大上"的资源，如唯一性资源、专业性资源、适用性强的资源；

9.资源内容字体不易辨别。

（三）队伍建设方面问题汇总

1.队伍结构不合理，专业人员缺乏，技术力量不足，业务能力差异大；

2.基层管理人员多为兼职，流动性大；

3.队伍培训内容、时间、形式设计上不合理；

4.基层工作人员编制难以解决。

（四）其他问题汇总

1.缺少推广宣传；

2.各地领导对图书馆的认识、对文化共享工程认识存在片面性，重视不一；

3.资源网站建设不统一、不规范；

4.基层设备管理混乱。

第二节 文化共享工程可持续发展顶层设计

一、设计导向：现代公共文化服务体系构建

"现代公共文化服务体系"与传统的"公共文化服务体系"存在一定的差别，"现代公共文化服务体系"的构建紧紧围绕时代发展的特点，突出"标准、规范、反馈、社会化"。主管单位更名、新阶段任务转变、现代公共服务体系的理念，这些都在昭示着一个事实，即关于文化共享工程未来发展的走向与具体操作的问题。结合文化共享工程在 12 年来建设过程中所出现的问题，可以认为，文化共享工程建设正步入要大力发展的"青年期"，其在未来的建设中要围绕构建现代公共文化服务体系这个中心，以建设先进适合的文化资源为主要任务，实现文化信息资源的有效共享。

二、设计主题：突出"标准、规范、反馈、社会化"

2010 年 10 月，"顶层设计"首次出现在中共中央"十二五规划建议"中，2011 年，这一政治名词成为全国两会热议的话题，在两会落幕之后，这个崭新的政治名词进入公众视野。"顶层设计"本是工程学中的术语，本义是"统筹考虑项目各层次和各要素，追根溯源，统揽全局，在最高层次上寻求问题的解决之道"。以往的管理研究领域，"宏观管理"和"战略管理"常被提及。"顶层设计"与两者之间存在着较大的区分：宏观管理是一个经济学术语，侧重的是制度、政策的设计；战略管理源于企业管理，侧重决策的过程及目标；而"顶层设计"则更多地强调管理的高层次起点，侧重管理的全局性、整体性、基础性和根本性，是其他一切规划的元规划。

2012 年，《中共中央关于分类推进事业单位改革的指导意见》中指出，要"构建公益服务新格局"，"既要发挥政府主导作用，也要引导社会力量广泛参与，引入市场竞争机制，形成提供主体多元化、提供方式多样化的公

益服务新格局"。文件要求,对社会力量兴办公益事业的,在"设立条件、资质认定、职业资格与职称评定、税收政策和政府购买服务等方面,与事业单位平等对待"。此外,还要倡导和鼓励企业、个人和团体通过捐赠、志愿服务等支持我国公益事业的发展。

综合以上政策改革与要求,针对文化共享工程建设所面临的问题,可以认为,文化共享工程未来建设顶层设计应包含:资源设计、制度设计、技术设计、服务设计。

三、资源设计:标准统一

(一)资源分类统一标准

文化信息资源的分类可以从文化资源的视角来划分,也可以根据信息资源的视角来划分,目前文化信息资源分类多以前者为多。

关于文化资源的分类,划分标准也存在差异,则相应的文化信息资源的分类也是不同的,在所有的分类中,最常采用的方法是以主题/内容来划分,文化共享工程资源归类也是多以主题来划分的,如人文历史信息资源、地域文化信息资源、民俗风情信息资源、宗教仪式信息资源、民间工艺信息资源、餐饮娱乐信息资源、节庆活动信息资源、园林艺术信息资源、教育科技信息资源、体育游艺信息资源、文献信息资源等。

目前各地文化共享工程资源建设划分标准不统一、不规范,严重降低了资源的质量。因此在资源建设的归类方面,必须建立一个统一的标准,一方面让资源建设更加规范化,另一方面,可以便于检索。

(二)资源开发加强深度

针对文化共享工程资源建设,特别是在地方特色文化资源的开发方面,最突出的缺点是"粗",表现在建设粗制、规划粗心等。要建设高质量的真正能够体现地方特色的文化资源,必须要深度挖掘与开发包含民族特色、地域文化理念、民族气质的文化内容。一般来讲,文化资源开发要坚持可持续、责任、创新、开放等原则。

（三）资源种类建设均衡与资源质量保证

这里资源种类均衡主要针对资源格式。文化共享工程资源格式一般有图片、文字、视频、音频、游戏、Flash 动画等。目前多数地方资源存在种类的偏颇，多表现在游戏、Flash 动画、视频、音频、图片资源的欠缺。各地应权衡各种资源的发展，毕竟，视频、音频较纯文本资源而言，更具有吸引力，且更能实现资源利用的公平性，因为有些纯文本资源对于学历水平还是有一定要求的，如某些资源的文本呈现繁体形式，就非常不利于阅读使用。而游戏和 Flash 动画则可以增加阅读趣味，同时，依据资源库特征与内容而设计的记忆类小游戏也可以刺激用户对资源内容的记忆，如中国舞蹈资源库、中国漫画资源库、中国昆曲资源库等都设计了相应的"记忆游戏"，这为其他优秀文化资源库建设提供了一定的参考。

在此处，资源质量的保证主要指的是视频资源的质量。视频资源的质量保证与视频采集人员的专业程度有关，需要专业的制作班底，制作出画面清晰、声音正常、播放流畅的视频。视频资源质量的高低直接影响公众对文化共享资源的关注、喜爱程度。

（四）资源的国际化发展

在文化全球化发展的今天，我们很有必要向世界传播中华上下五千年博大精深的传统文化，而目前文化传播的最快方式就是借助于移动互联网设备。文化共享工程的实施，加工、筹集、整合了我国大批量的传统数字文化资源，如果这些资源能够走向世界，那么就是对我国传统文化资源最好的传播。但是，目前国家数字文化网资源缺少英文版，个别的资源库仅资源介绍有英文版（如昆曲介绍），而详细内容仍然只有汉语一种语言版本，文化共享工程建设的下一步主要任务既然在"服务利用"方面，那么资源的双语版建设也应该列为其主要建设任务之一。

四、技术设计：拓展利用

文化共享工程技术设计主要体现在两个方面：一是现代信息技术的融合，

一是拓展服务的技术手段。现代信息技术主要包括微电子技术、数字电子计算机技术（信息处理）、现代通信和网络技术（信息传递）、多媒体技术（声音、音像等的数字化）。其中，用于信息传递的现代通信技术主要有三个分支，即有线通信技术、无线通信技术与卫星通信技术，现代网络技术实现的是海量数据和超级计算能力的共享。移动通信是无线电通信的一个新的领域，其应用领域主要有蜂窝移动无线系统（3G，4G）、近距离通信（蓝牙）、无线局域网（WLAN）等。

五、服务设计：进村入户到人

从服务网络的延伸来说，文化共享工程建设正在逐步实现从"进村"到"入户"的发展，部分地区已基本实现了这一目标，但是，从文化共享工程资源发挥效用的方面来说，"入户"并不是文化共享工程建设的终极目标，因其最终的服务对象是"人"，所以说，文化共享工程的最终目标要实现"到人"，这不仅仅体现在服务网络的延伸上，更体现在文化信息资源的传播上。目前，文化共享工程实现"到人"的服务目标，限制因素诸多，如文化共享工程的公众认知度问题。

公众认知度低是各地文化共享工程建设普遍存在的问题，其根本原因在于文化共享工程在推广宣传方面的缺失。因此，如何推广文化共享工程成为文化共享工程建设一项不可或缺的重要任务，这就是文化共享工程的"营销"问题。

具体的服务活动在设计上，面向对象要有针对性，特别是要设计好针对农民、城市务工人员、城乡老年人群体、青少年、农村留守儿童等的服务。以英国文化在线为例，其所开展的"网上跟艺术家学"活动对于在校中小学生的教育影响比较大，文化共享工程现在缺少的就是类似的活动。文化共享工程可以考虑让社会更多力量加入到文化共享活动中来，特别是历史学家、演艺明星、音乐家、美术家等的参与，不仅可以对文化共享理念进行宣传，同时也可以带动公众参与的积极性。

总的来说，就是通过以上各种设计，实现文化共享工程从"我存在"到"我成长"质的转变。

第三节 文化共享工程未来发展实践指导

一、指导原则：依据顶层设计与相关建设规划

在 2013 年 3 月颁布的《全国文化信息资源共享工程"十二五"规划纲要》中指出，文化共享工程在"十二五"时期的主要任务分为七个方面，分别是完善城乡六级服务网络、推进文化共享"入户"、实施"公共电子阅览室建设计划"、加强数字资源的规划与管理、打造实用的技术支撑平台、推动国家中长期人才培训计划、促进基层惠民服务的品牌化与专业化。结合国家关于构建现代公共文化服务体系的政策导向，以及从"标准、规范、反馈、社会化"出发对文化共享工程进行的资源设计、制度设计、技术设计、服务设计，文化共享工程在未来实践建设方面可以从以下几条主线来把握：第一条主线是技术主线，主要包括技术支撑平台的建设和服务平台的搭建；第二条主线是服务主线，主要是考虑服务如何"入户到人"；第三条主线是内容主线，主要就是公共文化数字资源建设的完善；第四条主线是人的主线，主要就是针对两个群体的培训，分别是用户和工作队伍；第五条主线是保障主线，主要就是要通过制度设计对文化共享工程建设"保驾护航"。

二、以技术支撑平台为基础，构建层级分布式互联网网站群

文化共享工程"十二五"规划强调的文化共享工程技术支撑，主要包含三个方面的内容，即国家公共数字支撑平台建设、公共电子阅览室管理信息系统开发与建设公共文化服务信息门户，其中，对于前两项，国家文化发展中心通过与一些技术单位合作来完成，对于公共文化服务信息门户建设，则与国家发展中心——"国家数字文化网"、各级分中心/支中心文化共享工程网站（数字文化网）建设有关。"十二五"规划提出要搭建一个"四级分布式互联网网站群"，既然是作为一个"群体"存在，那么各级之间必须有关

联,也就是说各级网站之间必须建立相应的链接,以保证各个网站的资源在网站群内"共享",将终端技术的开发与利用提上日程,即如何让服务手段与移动互联网的发展"齐头并进"。在这里,需要强调两点,即"无障碍"服务终端的设计与"环保"终端设计。

三、以人才建设为中心,推动全民信息素养教育与工作队伍培训

培训是文化共享工程建设的一个主要"关键词",其发挥作用主要体现在两个方面。一是对用户的培训,一是对工作队伍的培训。在文化共享工程建设中,对用户的培训主要是面向广大群众,内容涉及生活、工作、学习的方方面面;对于工作队伍的培训,主要目的是为了提升队伍素质以更好的姿态开展服务。文化共享工程"十二五"规划中强调,文化共享工程的培训要以"推动国家中长期人才培训计划"为主要目标,实现的方式包括开展国民信息素养教育、推进农村实用人才和进城务工人员培训、继续加强基层队伍培训三个方面。在这之前,我们仍需要强调的是"培训制度"的相关问题,即在开展培训时,要"制度先行",同时,必须强调"内容与需求对接"。

对于国民信息素养教育培训,其首先要做的是在学校范围内的普及,即扩大文化共享工程与学校之间的互动,同时,在社区、街道、乡镇、村普及;其次,要从培训课程设计上入手,在课程设计上,要根据群体划分进行不同设计,在开展国民信息素养教育的过程中,依据群体设计课程至关重要。

针对农村实用人才与进城务工人员的培训,首先,鉴于这两个群体的特殊性,培训主要的方式是"主动服务""走出去"服务,即培训要主动走向农田、工厂、工地等群体聚集地;其次,仍是培训内容的设计,需要"因需制定",这就需要在开展培训前,对所要培训的对象主体进行"需求调研与分析",在此基础上,设计培训课程与内容。针对工作队伍的培训,同样也涉及两个主要点,一是群体,一是方式。文化共享工程目前的队伍培训重点是对基层队伍的培训,原因在于基层兼职人员多,多为非专业人员。培训的方式主要采用的层级制,即分级负责制度。我们认为,最好是采用"三

级培训制度",即"国家—省级""省级—市县级""市县级—乡镇/街道/社区/村";其次,是时间间隔,培训次数不多是文化共享工程培训中存在的一个问题,因此,在下一步的培训规划中,要对培训的时间间隔进行界定;第三,培训内容要"全面"且"与时俱进"。"全"即是说培训的内容要涵盖资源建设、人员管理、资源管理、资源加工、服务设计、服务推广等方方面面;"与时俱进"即强调培训的内容要与时代的发展、技术的进步、国家政策变化、工程建设趋向等相一致。

第七章 数字图书馆的建设意义及现状

第一节 数字图书馆的内涵

公共图书馆服务最本质、最基本的特征是公益性，免费服务就是文化服务行为公益性最直接的表现。从公共图书馆事业本身看，它是为每一位社会成员提供各种文化服务的公益性事业。因此，公共图书馆提供的数字文化服务其实就是公益性的数字文化服务。公益文化服务是以非营利为目的的公共文化事业，它的相对概念是经营性文化产业。公益文化服务的主要着眼点在于社会效益，其目的则为非营利性。从实质上讲，公益文化其实就是面向全社会的文化，它所提供的非竞争性与非排他性的公共文化产品和服务是面向全体人民大众的。从字面上看，"数字文化"是指以数字形态存在和发展的、并以网络为载体传播的文化，数字文化可以看作是人类文化发展数字化的一个最典型的体现。公益文化与数字文化进行结合之后，便产生了公益性数字文化。所谓公益性数字文化服务，是指以国家财政投入为主要资金来源，以满足广大人民群众基本的数字文化需求为目标，表现为数字化的信息资源、智能化的科学技术、网络化的传播途径、泛在化的服务以及实体化的管理，具有公益均等、公开透明、互动性强等特点的一种文化服务形式。公益性数字文化服务涵盖范围广泛，它既包括电视、广播、电影与手机等传媒，也包括公益数字文化网站。既面向大众提供文化信息资源，也面向不同的对象提供有针对性的服务，例如青少年、残疾人、盲人等弱势群体。而公共图书馆是政府主办的公益性文化服务机构，是公共文化服务体系建设的骨干，同样也是数字文化服务的主要实施者。公共图书馆所提供的数字文化服务基本上包括在了公益性数字文化的内涵中，而它更多地是通过网络作为媒介提供服务。

第二节 数字图书馆建设的意义

一、数字图书馆建设是公共文化服务体系的重要组成部分

公共图书馆数字文化服务是二十一世纪数字信息时代公共文化服务体系的新形式，它体现了我国公民对公益数字文化权利的需求，是构筑数字文明的福祉，是一项推动文化创新的重大举措，也是建设和谐社会必要的举措。公共图书馆数字文化是文化事业研究的一个分支部分，对其研究可以丰富整个文化体系的研究内容，同时，对于加强与其他学科的联系也起到重要作用。公共图书馆数字文化服务建设在目前来说，是一个创新性的课题方向，也是文化在现有信息技术环境下新的发展形式，这对于开拓新的数字文化发展空间来讲意义重大。可以说，公共图书馆数字文化服务的建设将推动公共文化服务体系的发展，并对体系的构建发挥重要的引领和指导作用。

二、数字图书馆建设有助于缩小数字鸿沟

"十一五"期间，公共文化服务体系建设取得了一定的成绩。但长期以来，各地经济与社会发展基础不同，区域发展和城乡发展不平衡等问题一直存在，数字文化资源总量偏少、资源质量不高、服务队伍专业素质偏低等问题成为众多文化贫困群体存在的原因。公益性数字文化服务的优势显而易见，它采用现代通信技术和网络技术，时空限制性小，传播速度快，可以大量复制并且重复利用。推进公共图书馆数字文化服务建设，可以缩小不同地区在文化信息资源获取上的不平等，使地处偏远、经济贫困地区的群众同样能够更经济、快捷地享受到数字文化服务，满足基层群众的数字文化需求，在一定程度上能够改善我国数字文化服务建设的不足，实现数字文化信息资源在全国或区域范围内的共建共享，实现普惠的文化服务。

三、数字图书馆的建设是文化服务形式的创新

公共图书馆提供的数字文化服务是一个全新的文化服务形式。这种文化形式具有高度的开放性与包容性，使之成为社会全体成员可以平等共享的财富。公益性数字文化的发展，极大地拓展了文化获取困难群体的认知了解和实践活动的范围，前所未有地延展了人们的交往领域，文化贫困群体可以突破现实世界的诸多限制，在崭新的空间参与文化活动，这样一来便能够促进社会大众的文化交流、文化理解和沟通。可以说，公共图书馆数字文化服务赋予了大众文化新的灵魂，这些服务必将推动传统文化形式产生新的变革。

四、数字图书馆建设有利于推动文化体制改革

把经营性的文化产业剥离出来，是文化体制改革的一个主要目标。公益性文化服务建设，是公益性视角下公共文化体系的重要组成部分，它与文化产业相互对应，相互配合，共同完善公共文化体系。发展公共图书馆数字文化服务,在促进经营性的文化产业与公益性文化服务构成为一个整体的同时，还有利于将营利性文化产业、非营利性文化产业，公益性文化服务、公益性数字文化服务之间的关系做出界定，从而在文化产业与公益性文化服务，公益性文化服务与公益性数字文化服务之间找到一个平衡，从而推动文化体制改革。

第三节 数字图书馆项目统计及介绍

本文对北京、上海、广东、浙江、天津、陕西、山东、辽宁和安徽九个省市及其下设重点城市或地区的文化共享工程网站（辽宁省实施广电方式，没有开设共享工程网站）、电子阅览室网站、数字图书馆推广工程网站及其他相关文化网站进行浏览查阅，同时查看了这九个省市的主要图书馆的网站，共统计了 11 项服务活动，其中包括网络大赛、计算机培训、电子读报栏、手机图书馆、无线网络、电子阅读器、E/一卡通、U 盘终端、3G 上网卡、点菜式服务和网上委托借书等活动。随后又使用百度搜索引擎，用各种项目的名称为检索词进行查找，以查漏补缺。

表：9 个实验省市实施数字文化服务项目情况

服务方式/项目 省份		北京	广东	浙江	上海	天津	陕西	山东	辽宁	安徽	
教育活动	网络大赛	√	√	√	√	√	√	√		√	8
	计算机培训	√	√	√	√	√	√	√		√	8
便捷环境	电子读报机	√	√	√		√	√	√	√	√	8
	无线网络	√	√	√	√	√				√	7
	3G 上网卡	√						√			2
移动借阅	手机图书馆	√	√	√	√	√	√	√	√		8
	电子阅读器	√	√	√			√		√	√	6
	E 卡通				√						6
	一卡通	√	√	√		√					
	U 盘终端	√	√				√				3
受托服务	网上委托借书				√						1
	点菜式服务			√							1
		9	8	8	7	6	6	6	4	4	

上表中统计了 9 个试验省份公共图书馆提供的数字文化服务项目，包括每个项目在 9 个省市中的实施数量以及每个省份实施这 11 个服务项目的数量。下文将对 11 种服务项目的内容进行介绍。

网络大赛是由共享工程中心组织的利用网络进行各种比赛的活动，活动面涉及网页设计、网络知识、党史、古籍知识、电脑小报设计、五子棋、摄影摄像等方面的内容。比赛过程或是利用网络在线进行，或者投递邮件，或者直接上传参赛作品，比赛结果也会在网络上公布。并且在各个活动中，有专门针对残疾人以及儿童的比赛，例如视障人士网络大赛、少儿网络寻宝比赛等。

计算机培训也是一个开展得较为广泛的活动项目。此活动一般由图书馆进行组织，培训地点多为图书馆的电子阅览室。计算机培训一般分为两种形式，一种是为了上述的网络比赛进行赛前培训，另一种是为了提高用户的计算机以及使用网络资源的能力，或是教授其他知识领域的内容。培训内容包括网页设计、电脑小报设计、动画制作、电子资源利用、图书馆网站的使用、电脑基础知识及软件的使用等。其中，不少地区的图书馆特别为盲人、老年人、青少年儿童、学生以及农民工组织了专门的培训活动。

电子读报机采用触屏技术，其中的电子报纸都是在线自动更新，并与纸质报纸保持同步，可按类型、区域、拼音字母进行快速检索，页面清晰，并能放大、缩小和翻阅电子报纸页面。电子读报机一般放置在图书馆或者其他公共场所内，可供群众阅读电子报纸。

无线网络是图书馆在馆区范围内为用户提供无线网络，使其可以利用网络进行图书检索、预定、借阅、咨询、在线阅读以及访问其他网站的信息资源服务。

3G 上网卡是图书馆在馆内免费提供 3G 上网卡的业务，让读者通过在手提电脑上安装 3G 上网卡，便可以连接网络进行阅读、咨询、检索、浏览所需信息资源，也有图书馆提供 3G 上网卡的外借服务，这样读者在馆外也能享受馆藏资源。

手机图书馆以手机为主要媒介来获取图书馆的相关服务，例如图书催还、预约、续借等事务性服务，检索浏览性服务，全文阅读服务等，既可以在馆内使用，也可以在其他区域随时登陆。

在提供电子阅读器的图书馆，只要持有本馆的借书证就可以在馆内使用或借出电子阅读器，读者可下载图书馆的电子资源或者在线进行阅读。阅读器内存有海量电子资源，包括电子期刊、学术论文、视频、网络课程等内容。

E 卡通是上海图书馆电子资源远程服务项目之一。上海图书馆有效持证读者在使用该馆电子资源远程服务时，不需要重新申请另办证，也不需要注册重新开通，只要输入读者证卡号和身份证件号码就可以登录，系统可以自动判别读者证的有效性，根据读者不同类型的阅读证自动跳转到不同电子资源导航页面。与其功能近似的一卡通服务在其他几个省份也有实施，基本可以实现当地合作的公共图书馆的图书通借通还、联合检索、网上阅览以及馆际互借。

外借 U 盘终端是读者利用具备加密技术的 U 盘，可以在任何一台能上网的电脑上拷贝所借阅的图书以及各类文献，并且能够进行续借以及归还的操作。

网上委托借书的形式是指读者可以通过电脑或手机，登陆图书馆网上委托借书的网站，在检索书目后，进行网上委托的操作，几天内图书馆就会通过快递把书籍送到读者所在区域的分馆。在将书送达分馆服务点后，图书馆按照读者留在系统的电子邮件地址和手机号，通过发送 E-mail 及手机短信通知读者前来取书。读者如果想得知委托服务的最新进展，可以进入图书馆网上委托借书系统，点击"委托查询"这一项进行情况了解。读者取书和还书都可以到家门口的分馆服务点进行。

"点菜式"服务是图书馆根据读者需要，通过图书馆代替读者借阅或订购等方式，为读者提供纸质、电子图书或文献信息，在依照实用原则、最大效用原则的基础上，尽最大可能来满足读者正当的信息需求。读者"点菜"的情况可概括为三种：第一，已入藏的纸质或电子图书，通过书目查询，帮助读者找到所需图书；第二，馆内未入藏而有合作关系的兄弟馆入藏的图书，可通过馆际互借实现；第三，未入藏图书，由图书馆进行采购然后供大众借阅。

第八章 数字图书馆服务方式分析

第一节 服务方式的类型、特点及应用情况分析

本文将这 11 项活动根据其实施目的分为四种方式："移动借阅"方式，"便捷环境"方式，教育活动方式，"受托"服务方式，下文将依次对各种服务方式进行分析。

一、"移动借阅"方式的分析

"移动借阅"方式主要指无线互联网技术和图书馆数字化馆藏相结合的一种方式，通过各种移动设备来方便灵活地进行图书馆图书信息的浏览、查询与获取图书馆信息服务，减少了时间、地点、空间的限制。这一方式中主要包括手机图书馆，提供电子阅读器，外借 U 盘终端，E/一卡通的使用。在这 9 个试验省份中，有 8 个省市实现了手机图书馆服务，6 个省市的图书馆提供电子阅读器，6 个省市图书馆的读者可以开始使用 E/一卡通服务，目前 U 盘外借服务项目相较于其他三种开展较少。

"移动借阅"的主要特点为使用灵活，易于携带。不论是手机、电子阅读器、U 盘还是 E/一卡通，都轻便灵巧，相比电脑终端、有线上网，这些介质都更容易突破空间限制。尤其是手机和电子阅览器更是突破了时空局限，人们可以随时随地进行阅读。其阅读内容也更具个性化，更能充分满足人们不同的阅读需求。

对于手机图书馆的迅速发展与日渐广泛的应用，可以从"意义建构"理论来寻求原因：人在时空背景下，遇到认识上的差距，只有借助于信息寻求

与利用，才能获得理想的认知结果，从而进入新的认知状态。人在移动环境下，所处的时间和空间是不断变化的，相应的信息需求便可以分为与时间相关的需求和空间相关的需求，比如获取应急信息、打发无聊时间，获取地理位置的信息等。可见，读者在移动环境下对于阅读的需求，是推动手机图书馆发展的主要因素。现代人生活节奏加快，许多人无法找到集中的阅读时间，只能利用移动环境中的"碎片时间"来阅读。

二、"便捷环境"方式的分析

"便捷环境"方式是指利用各种电子设备或网络为用户乃至公众营造一个便于获取信息资源的环境，并且提供这种服务的地点不一定限定于本图书馆，还有可能是在图书馆服务区域内。这种方式包括电子读报机的设置，提供无线网络，提供 3G 上网卡。9 个试验省市中，有 8 个省市设置了电子读报机，7 个省市的图书馆提供无线上网服务，提供 3G 上网卡服务的只在北京市与山东省有实行。

该种方式的特点为方式间接，内容宽泛，目的性较弱。它主要给用户提供的是一个便利的外在环境，而不是某个具体的结果，在此种环境中用户可以方便地进行信息获取，并且获取的信息不一定局限于图书馆的馆藏。

三、教育活动方式的分析

各省级、市级亦或是区县一级的图书馆，都经常开展教育活动服务读者，以帮助群众学习计算机的使用，获取更多信息资源，拓展知识面，丰富文化生活。常见的教育活动包括组织网络大赛、进行计算机培训。比赛内容涉及面很广泛，包括网页设计、网络知识、党史、古籍知识、电脑小报设计、五子棋、摄影摄像等方面的内容。计算机培训内容包括网页设计、电脑小报设计、动画制作、电子资源利用、图书馆网站的使用、电脑基础知识及软件的使用等。对于竞赛和培训项目，图书馆会举办针对一定群体范围和无群体范围的活动。特定群体一般多是盲人、老年人、青少年儿童、学生以及农民工，针对各种群体制定不同的活动项目。图书馆利用馆内的电子阅览室，不论通过竞赛还是培训活动，都能提高他们使用文化共享工程资源的能力，开发公众的潜能和运用信息技术进行各种设计的创新能力，同时也提高了公众使用网络的兴趣和技能。

9个实验省市中，有8个省市都举办了各个领域的网络大赛以及培训活动。辽宁省的文化共享工程实施的特色是广电方式，图书馆所承担的文化活动有一部分转移到了电视中，因此在对公众组织的网络比赛与培训上略有欠缺。

教育活动方式的主要特点表现在它的内容丰富，灵活多样，针对性强，参与度广且互动性强。对于各种竞赛与培训，有的由国家统一安排，有的则是地区自己组织进行。一般是根据一个主题，结合当地的实际情况选择时间、地点进行安排。每个活动都有一定的人群针对性，比如弱势群体，或者不同领域的从业人员。因为活动的发起是面向全社会的，并且通过网络可以得到充分的宣传，而通过网络参加也非常便捷，所以参与度更加广泛。对于很多竞赛来讲，培训是不可分离的一部分，这也是增加参与者知识、提高他们在某方面能力的一个途径，在学习中，活动的互动性成为提高培训成果的保证。

图书馆通过网络组织各种竞赛，为公众提供包括信息资源方面的各个领域的基础培训，这是众多图书馆已经普遍实行的服务项目。一般来讲这样的竞赛与培训，多是使用馆内的电子阅览室作为场地，有的活动甚至只需要网络上的虚拟空间，参与人员多是馆内的工作人员，或者是志愿者、义工，一套活动真正实施下来所需的成本费用并不高昂，同时还能有效地调动群众学习的积极性，营造一个良好的求知氛围，这是此种服务方式能得到广泛推广的重要原因。这种数字服务活动可以提升公民的信息素养，实现获取信息的权利，提升个体自信心，这两点在弱势群体中体现得更为明显。从一个宏观角度来说，这赋予了个体参与文化活动的权利，提高了社会的包容度，促进了社会不同阶层与群体之间以及群体内部的交流和理解，提高了社区凝聚力，是一种非常值得推广的活动形式。

四、"受托"服务方式的分析

"受托"服务主要是指图书馆代替读者,为读者完成资源查找和获取的一种服务方式,包括"点菜式"服务和网上委托借书的服务。这两种服务都是为了满足读者个性化的需求而拓展出来的服务方式,依照"以人为本"的服务理念,以期用较少的经费求得最好的实际效用,并逐步实现"每位读者有其书,每册书有其读者"的目标,以保障公民获取信息资源、学习文化知识的权力。

在 9 个实验省市中,只有浙江省实施了点菜式服务,上海市开展了网上委托借书服务。这种类型的服务方式的特点在于操作较为简便易行,提供服务更加精确化,读者成为资源决定方,这种方式有利于发展和形成本馆重点读者群。

第二节 服务方式影响因素的实证分析

以浙江省和安徽省的公共图书馆数字文化服务为例，下图列出在浙江省与安徽省实施 11 项服务的情况。

表：浙江省与安徽省公共图书馆实施数字文化服务项目情况

服务项目	网络大赛	计算机培训	电子报机	手机图书馆	无线网络	电子阅读器	E/一卡通	"点菜"式服务
浙江省	舟山	余杭	杭州	杭州	杭州	杭州	杭州	杭州
	宁波		绍兴				宁波	绍兴
	温州		温州					
安徽省	合肥	合肥	合肥		合肥			
	安庆	安庆						
	宿州	池州						
	黄山	滁州						

可以看出浙江省开展活动比较积极的城市为杭州市、宁波市、绍兴市、温州市、舟山市、余杭市；安徽省主要集中在合肥市、安庆市、黄山市、宿州市、池州市、滁州市。虽然同样为 6 个城市，但浙江省公共图书馆所涉及的数字服务项目多于安徽省，除"移动借阅"方式、教育活动方式、"便捷环境"方式外，还创新开展了"点菜式"服务；而安徽省开展的项目集中在教育活动方式、"便捷环境"方式这两种普及率较高的方式中。下文中将以两省公共图书馆数字文化服务情况为例，从经济、历史文化、迁移人口与文化政策等角度进行分析，以期得出外在环境对不同方式应用的影响。

一、经济因素影响分析

图书馆事业的发展是当地文化建设的一部分，每个地区的图书馆都肩负着保存人类文化遗产、开展社会教育、传递科学情报和开发智力资源的职能。

而对于文化发展的支持与重视，与一个地区的经济基础密不可分，因为城市的经济与文化存在着共生、互动的关系。我们普遍认同经济是城市的物质基础，文化则是城市的软实力。当一个城市的经济发展到一定水平的时候，必然会转向对文化的重视。

对文化事业的财政投入对于一个地区的文化发展来说，有着很大的影响，尤其表现在创新文化服务的方面：在使用新技术与新服务方式时会涉及额外的资金投入，而经费不足对于尝试创新是一个重要的阻碍因素。安徽省内公共图书馆所提供的数字文化服务方式多集中于比较成熟、较易操作、投入经费较少的高普及率方式；浙江省在追求提供更全面的服务同时，更具创新思想，比如尝试开展"点菜式"服务这种"受托"服务方式。由此我们可以认为，经济因素对于图书馆提供数字文化服务有一定的影响，并且主要表现在创新的服务方式上，对于发展较为完善的、投入人力物力资源较少的服务方式则影响不大，例如教育活动方式、"便捷环境"方式。

二、文化背景影响分析

对于每个城市的历史文化来讲，无论有形的还是无形的文化遗存，它们的流传都需要凭借某种载体才能成功。图书馆收集保留文化，通过大量地方文献的积累、传播，使得当地民众能够全面、深入地了解本地的历史文化，让传统代代传承。同时公共图书馆也成为受益者，它可以从本地汲取更多的文化内容，充实图书馆的资源基础，也在文化氛围的熏陶中不断发展、不断进步，为公众提供更加丰富的服务内容与方式。

浙江与安徽都是历史悠久的地区，有着各自的文化内涵与特色，这些深厚的底蕴不但为公众营造了良好的文化氛围，更是图书馆的资源基础，充实丰富了馆藏内容，这对具有明确主题或内容的服务方式起到一定的积极作用。例如安徽开展的文化教育讲座《春秋五霸到战国七雄》，浙江省共享工程举办"网聚少年"的知识问答竞赛中设置"乡土知识板块"等类似的活动项目。浙江省与安徽省有着深厚的文化底蕴，但从目前的活动项目来看，浙江省公共图书馆所提供数字文化服务显得更加积极、更有成效，由此可以看出文化底蕴只是一个基础性的优势，在目前它没有产生强烈的推动效果，文化底蕴对于开展"移动借阅"方式、营造便捷获取信息资源环境、开展更加深入和个性化的服务的影响甚微。可以说，各类服务方式在不同的文化背景下的推广并没有受到很大影响，但文化背景的推动潜力是巨大的，有待我们今后进行深入的发掘。

三、人口迁移影响分析

人口是一个城市的重要组成部分，迁移人口也就自然成为影响城市发展的重要因素。图书馆提供各种文化服务，一个重要的考虑因素就是公众的需求，不同身份类型的居民所需要的服务都有自己的特点，对于人口流动性较强的省份来说，图书馆提供的服务不可避免地受到城市中迁移人口的影响。

四、文化政策影响分析

在当前推动社会主义文化大发展大繁荣背景下，两省都推行了符合本地区实际情况的文化政策，其中与公共图书馆数字文化服务相关的项目，为当地的文化共享工程、电子阅览室，或数字图书馆等文化项目的实施起到了很大的促进作用。

（一）浙江省相关文化政策影响分析

公共图书馆是城乡公共文化服务体系建设的主要载体，同时还与其他文化活动相结合，包括村文化活动室、"东海明珠工程"、党员干部远程教育活动室等工程建设、农家书屋工程建设等。各项活动相互影响相互促进，在有些条件环境不是很成熟的地区，几个文化项目结合在一起，融合为同一个文化场所，这样既可以节省经费，又能够集中优势为群众提供更多样的文化服务。

2013 年，文化部全国公共文化发展中心规划了"边疆万里数字文化长廊"项目。"十二五"期间，"边疆万里数字文化长廊"项目将在我国现有与国外接壤的 9 个省（区）和新疆生产建设兵团所在的文化共享工程基层服务点基础上，依照"边疆万里文化长廊"的建设步骤，形成一条长达万里的"廊"形文化地带，以期加大力度，支持边疆地区公共文化服务体系建设，使全国文化信息资源共享工程及公共电子阅览室的优势能够得到充分利用，来提高边疆地区公共文化服务水平。此项工程是以数字文化作为内容形式，以文化共享工程及公共电子阅览室作为载体，整合边疆地区文化资源的一项工作，以此来增强边疆地区公共文化建设基础，改善边疆军民文化生活匮乏的状况。公益文化服务体系作为该项目载体的同时，必然会受到更大力度的促进与推动。

"国家公共文化数字支撑平台"项目是文化部全国公共文化发展中心规划的重点实施项目，该项目建立在现有的文化共享工程服务网络及硬件条件上，通过资源共享、智能调度、应用服务、管理监控等系统建设，目的是为了增强数字资源共享能力，改进服务的针对性，使数字资源能够更加有效地得以传播，并提高信息基础设施的综合利用率，增强各种信息资源的时效性与获取的便利性。该项目于 2013 年启动，由国家中心和 6 个省中心共建试点，其中就包括浙江省。"国家公共文化数字支撑平台"项目通过公共文化服务数字化评估管理，以其有效的数字化支撑，对文化共享工程和公共电子阅览室的服务效果产生积极带动作用，推动公共文化服务体系的发展。目前，中央财政已正式对该项目立项，并向发展中心和第一批参与建设的省分中心共拨付项目建设经费 2900 万元。

"边疆万里数字文化长廊"与"国家公共文化数字支撑平台"项目同时针对数字文化资源的建设，而浙江省同时属于两个项目的试验参与省份，从上述数据来看，不论从资金的注入，还是基础设施的建设与建设的执行力度来讲，势必对浙江电子阅览室、数字图书馆推广工程以及文化共享工程的发展起到很大的促进作用，对公共图书馆的数字文化服务产生积极影响，对各种服务方式的全面推动作用也将有更加明显的体现。

（二）安徽省相关文化政策影响分析

近年来安徽省委、省政府先后提出了"打好黄山牌，做好徽文章"和"打好徽字牌、唱响黄梅戏、建设文化强省"的文化发展战略，并制定了详细的发展规划，提出充分利用徽文化进行发展的措施，在引领安徽各方面发展方面取得了很大的进展，起到了树立安徽形象、宣传安徽文化的积极作用。

这些举措不仅极大地丰富了全国文化共享工程的数字资源，同时也把徽文化推向全国各地，促进了安徽文化的发展，推动了安徽共享工程的建设。但这只是单从充实信息资源方面对图书馆起到一个带动的作用，能够对培训、讲座或竞赛类的活动方式提供更丰富的内容，但并不会对公共图书馆服务方式起到全面的促进。

第三节 数字图书馆服务方式的改进

一、"移动借阅"方式的改进建议

"移动借阅"的方式是传统阅读向新的阅读方式转型的成果之一，既是对数字阅读、网络阅读的延伸，又与网络阅读、数字阅读一起共同构建新的阅读方式。对于广大读者来说，"移动借阅"满足了人们在移动环境下的阅读需求，是传统移动阅读在新的技术条件下的发展。另一方面，"移动借阅"在满足人们移动信息需求的同时，将会激发、促进人们的移动阅读行为，形成新的阅读行为习惯，信息接受与利用行为或许将会更多地基于快捷便利的移动信息平台来实现。

在服务技术上，对新的移动信息技术的关注与利用不够。比如，大多数图书馆以手机短信息服务为主，应用终端也多数面向手机开发，客户端软件服务以及面向电子阅读器、掌上电脑等其他移动终端的应用偏少。移动通信和互联网技术发展速度非常快，图书馆需要积极关注技术发展趋势，及时改进应用新技术来支持移动信息服务。在移动终端多元化的今天，可以把关注点放在手机之外的电子阅读器、PDA、平板电脑上；智能手机的逐渐普及，使得除短信、WAP 网站之外，客户端软件服务开始兴起。尤其对于经费较为充裕的地区，图书馆更要注重技术的更新与采纳，以保证服务的多样性与给用户带来的便利性。

二、"便捷环境"方式的改进建议

此种服务方式其实是一种为图书馆提供信息资源服务的辅助方式，它利用信息技术为群众获取信息资源提供便利，用户不一定可以随时随地直接获取所需信息，但是随处设置的电子读报机、无线网络可以成为用户与信息资源连接的桥梁，在这个大环境中，用户可收到的信息不仅仅局限于图书馆的馆藏。

其实对于上网条件的提供方式，没有必要每一项图书馆都做到位，能把各种方法相融合，能够保证有一个便利的环境足矣，根据各馆具体需要来选择服务项目，不必去耗费经费来做到面面俱到。之所以无线网络应用不及有线网络普及，大部分原因在于绝大多数大中型图书馆已经投入大量经费架设了有线局域网系统，所以在当前环境中，无线网络并不能也没有必要完全取代有线网络，但事实上无线网络产品的价位虽然仍然较高，但安装完成后也几乎不用再花大量人力和物力用于维护，从长久来看，它的成本是比较低的。无线网络的应用是可以逐步填充有线网络的不足之处的。对于馆内可以使用无线网络的情况，以及实施 E/一卡通在馆外获取馆藏资源的图书馆，提供 3G 上网卡则是为用户多提供了一种上网途径，对于经费充裕的图书馆来讲，能为读者提供更完善的服务是值得尝试的。

三、教育活动方式的改进建议

（一）动员社会力量

考虑到图书馆的经费问题，图书馆可以尽可能地利用社会资源，动员社会力量，邀请各大院校和社会组织、专门的义工和志愿者团体来做义务辅助工作。例如邀请自学成才的盲人担任授课老师，教授盲人使用计算机的基础知识，这样不但能传授电脑技能，还能对盲人起鼓舞作用。在这方面我们可以向广州图书馆借鉴经验：图书馆培训班的授课老师是向社会招募回来的义工，图书馆经过对数位申请者的考核与测评，挑选出优秀的大学生和在职人员担任义务教师，同时由本馆的工作人员协助指导来实施培训计划。

（二）结合当地特色文化

深厚的历史文化底蕴是文化信息资源的基础与不竭的源泉，在历史悠久、民族特色突出的地区，图书馆可以深入挖掘当地文化的精髓，丰富充实馆藏，充分利用这些特有资源组织教育活动，发扬、传播本地文化，尽最大可能发挥出资源基础对此类服务方式的带动作用，这既可以发挥图书馆收集、传递知识的功能，还能对公众热爱当地文化起到教育作用。

（三）做好活动后的反馈工作

做好活动后的调查信息反馈是一个重要的环节。公益教育活动与普通课程培训不同，因为参与人员的不确定性，培训包含的读者类型各不相同。一方面，参加教育活动的读者在身份、文化教育程度等方面存在差异，很难把他们明确细致地分类；另一方面，有许多人参加公益教育活动都是冲着"免费"而来的，目的性和主动学习较弱，在这种情况下，反馈工作存在一定的困难。但假使能把反馈工作做到位，就可以更顺利地推进公共图书馆的教育活动，提高活动的质量，使今后的教育活动能够更加顺利、有效地举办起来。

四、"受托"服务方式的改进建议

读者在图书馆享受"一对一"的个性化服务，并且图书馆还能将挑选的书送到自己手中，这是图书馆打破常规、改革业务工作流程、适应未来发展需要的一项创新服务。

对于"点菜式"服务，有的购书的周期偏长。以萧山图书馆为例，该馆订购的图书可分三类：第一类，大部分的书籍是省新华书店发行的浙版图书，在网上订购成功后一般需要两周时间到馆；第二类是北京、上海、重庆发行的图书，到馆时间较长，基本需要两个月左右；第三类为地方版的图书，运输时间直接影响到馆日期，时间限定很难准确预计，有的图书到馆甚至要花费 3 个月到半年的时间。此时，图书馆可以尝试与多个书店签订合作协议，多渠道购书同步进行，以加快购书速度。

宣传推广是推行新服务方式必不可少的途径之一。"受托"服务方式是具有个性化与针对性的服务方式，运行时间并不长，很多读者不了解该如何使用，甚至对新服务没有耳闻，所以加大对新服务方式的宣传是必要的。萧山图书馆的网上委托借书服务就受到多家媒体关注，多家报刊都对此项服务进行了介绍。《萧山日报》还进行了跟踪报道，不但对新的图书馆服务进行了评论，还对该馆细致贴心的服务称赞有加。读者热情的反馈与肯定的态度，对此项服务起到了良好的宣传作用。同时，馆内还设立了宣传窗便于读者了解最近动态，"点菜板"方便收集读者的需求。内外宣传紧密结合，既推广了新的服务，又形成了对该服务的社会监督机制。

第九章 数字图书馆的读者推广与利用

第一节 数字图书馆阅读推广模式

在人类的科技进步到能够通过"注入"或遗传方式直接获取别人的知识之前,阅读是最重要和最主要的由社会知识转化为个人知识的途径。图书馆作为传统生活中社会知识的主要保存地和集散地,对于阅读的巨大作用和意义难以估量。从某种程度上说,图书馆是为了阅读而存在的,而阅读也因为有了图书馆而得以持续和丰富。

在数字时代,人们的阅读行为正随着知识载体和传播方式的变化而发生巨大的变化,阅读方式、阅读对象、阅读结构和阅读规模等四个方面早已今非昔比、日新月异,取而代之的移动阅读、全媒体阅读、碎片化阅读和社会化阅读正在成为一种潮流和趋势,人们也越来越注重阅读体验。图书馆不得不随之转型,一方面继续维护着人类有史以来珍贵的文字遗产,成为传统阅读的保留地;另一方面又要努力跻身于数字阅读开拓者的角色。目前正在兴起的各类与网络阅读、移动阅读、社会化阅读有关的阅读模式,让我们看到了图书馆在数字时代依然丰饶,依然厚重,不可或缺大有可为,图书馆正在使阅读变得更加精彩。

一、阅读推广理念

根据传播学理论,任何阅读推广活动,不外是对推广主体、阅读者、阅读对象以及推广媒介等要素在一定时空范围内进行一定的设计、组合、组织和配置的结果,通过它们之间的相互作用,达成诸如"促进知识分享、提升精神层次、获得有用信息以及愉悦身心"等阅读目的。

下图对于图书馆阅读推广所涉及的各类要素及其关系进行了图示，这些内容构成了阅读推广工作的基本模型。

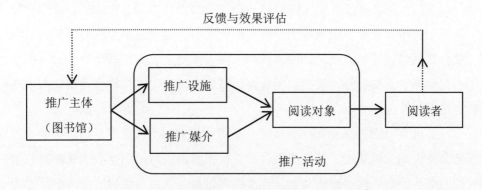

图书馆阅读推广模型

从图中可以看出，图书馆阅读推广活动是图书馆作为推广主体，通过一定的推广媒介，利用特定的设施设备，选择适当的阅读内容并对活动形式进行一定的设计，从而对阅读推广的客体对象施加影响，并接受反馈不断调整以期达到最佳效果的所有工作，是"图书馆为培养读者阅读习惯，激发读者阅读兴趣，提升读者阅读水平，进而促进全民阅读所从事的一切工作的总称"。

传统图书馆的阅读推广活动有着丰富的形式，如读书节、读书会、征文比赛、知识竞赛、阅读论坛、推介展览、名家解读、立体阅读、图书漂流等等，都可以采用该模型进行分析比较，而得到优化提高。到了数字时代许多新的阅读推广模式开始崭露头角，所涉及的因素更为复杂，但是万变不离其宗，依然可以运用上述模型进行分析。

图书馆的阅读推广活动只有在应用和总结了一定的理论之后才能得到实质的进步和本质的提升，这同样的道理在大众传播领域的发展已经得到了很好的印证。

二、阅读推广模式及案例

（一）社会化媒体推广模式

人们一般将基于社会性网络的 web 2.0 应用称为社会化媒体，典型的如微博、豆瓣等。近年来随着图书馆 2.0 的发展，越来越多的图书馆开始应用社会性网络进行阅读推广，如清华大学在人人网上成立图书馆俱乐部——清华大学图书馆友会等。我们利用社会化媒体进行阅读推广的模式都称为"社会化媒体推广模式"。

2011 年 4 月，首都图书馆将"分享阅读"系列阅读推广活动之一的"图书交换大集"活动搬上了微博平台，并且在新浪微博中创建了"首都图书馆图书交换大集"的"微活动"。首都图书馆和活动参与者利用微博平台互动与呼应，不断发布与上传活动的文字和图像等。

在利用微博宣传的同时，首都图书馆利用豆瓣网和同城网等多种社会化媒体工具协同开展宣传攻势，进行同步推广，人民日报、中国青年报、北京日报及中华读书报等媒体也都对此活动予以了专题报道，取得了超出预料的良好效果。

正如首都图书馆负责人对这一活动的总结："我们不遗余力地利用微博等新手段、新渠道来扩大图书馆的影响力，就是要改变人们的这种印象，吸引更多人尤其是年轻一代走进图书馆、利用图书馆。"

（二）电子阅读器借阅模式

传统纸质媒介阅读率稳健增长，数字阅读接触率强劲增长。在各类数字化阅读方式中，电子阅读器的接触率增长幅度达到了 200%，增幅最大。伴随着强劲的数字阅读潮流，一种新的阅读方式——电子书或电纸书阅读应运而生成为潮流，图书馆作为阅读推广的最重要的阵地，当然不能缺席。

2009 年 2 月，上海图书馆正式推出了数字移动阅读器即电子阅读器外借服务，成为全国首家提供此类高端服务的图书馆。提供外借的电子阅读器能够下载和存储数千种"电子读物"，可供选择的图书为 24 万册、10 万种。

电子阅读器外借服务的推出，直接推动了电子图书的阅读，有效提高了图书馆文献的使用率。以电子阅读器为推广媒介，让读者体验数字阅读，提高信息素养，弥合数字鸿沟。无论是满足读者尝鲜的愿望，或者说比较不同阅读器使用方法，还是解决一些弱势群体读电子书的需求，电子阅读器外借服务的推出，突破了传统外借文献载体和形式的制约，满足了不同人群的阅读需求，不失为一种新型的阅读推广模式。

与传统阅读相比，数字时代的阅读在方式、途径、规模和特征上都呈现出巨大的不同，其推广方式也应有相应的改变。其中最大的不同在于内容与载体的分离，造成各种阅读介质之间存在复杂的竞争关系，同样的内容能以多种不同的形式，经由不同的媒介，通过不同的渠道传递给用户。图书馆不得不首先应付这些载体与媒介，为读者进行选择和整合。

随着数字阅读相关技术的普及和各类应用的普遍开展，更多更好的阅读推广模式将会不断呈现。而图书馆能否像在传统社会中一样，继续做好知识中介和看门人的角色，很大程度上依赖于图书馆的阅读推广工作，以及能否从中获取足够的经验，不断改进和完善图书馆的服务。在数字时代，图书并没有死，只是换了一种活法而已。问题的关键在于我们怎样定义图书，图书作为阅读的对象，一直是人类理性的固化和智慧的积淀，载体只是其外形，内容才是它的根本。因此，数字时代所带来的绝不是阅读的末日，而是阅读获得重生的机会，使阅读拥有了更为自由的翅膀。

第二节 读者推广和利用教育的基本要素

现代信息技术的发展，数字图书馆的建设，使图书馆的内容和形式较之传统的图书馆有了较大的变化，也使图书馆读者利用教育出现了变化。数字图书馆读者推广和利用教育的基本要素由读者、活动的组织者、内容和方式等组成。

一、读者

数字化图书馆是通过数字化信息处理、传递与控制实现文献信息资源服务的，其核心是通过数字化的信息处理和网络化的信息传递这种数字化手段促成文献信息服务的完成。数字图书馆的读者服务是建立在数字化技术和网络技术基础上的。当今社会，数字化使人们获取知识的方式有了巨大变化，人们从传统的主要通过阅读报刊以及文化交流获取知识转变为更多地通过计算机网络来获取新的知识和信息；数字化使人们的表达方式出现了变化。人们将更加习惯于利用计算机与网络来表达自己，通过计算机来发表自己的观点和看法，传播自己的思想；数字化也将使人们的交往方式出现变化，计算机网络将使人们不受时间、地域、人数等的限制而进行相互交往、进行学术交流等。

二、数字图书馆读者推广和教育活动的组织者

数字图书馆的发展在知识经济时代的今天，不仅仅是图书馆的事，因为当前信息资源的状况已是衡量一个国家经济发展的重要指标，也已成为一个国家综合实力的指标之一。而一个国家的经济实力取决于科技进步，科技进步在很大程度上取决于信息资源的存取和利用。从微观上看，数字图书馆是传统图书馆的现代化发展，数字图书馆的建设是为了读者能更广泛、更方便、

更快捷地获取所需要的文献信息，对教育、科学研究和技术发展具有重要的意义；从宏观上看，发展数字图书馆，有利于我国社会政治、经济的发展，有利于我国在当前全球经济一体化发展的知识经济的竞争和发展中处于有利地位，有利于提高我国人民的科学文化素质和社会主义精神文明的建设，又有利于世界范围内传播优秀的中华传统文化，进一步带动我国其他相关产业的发展等。因此，数字图书馆的推广应该有全社会的共同参与，通过普及教育、法律法规以及借助大众传媒等形式，推广应用数字图书馆，激发全民的信息意识。

三、内容

数字图书馆读者推广和利用教育活动的设计，应该表现出来以下的功能：进行读者信息素养的培养，推广揭示数字图书馆的环境与功能，介绍图书馆文献信息资源的类型与结构，以及网络信息资源的组织、搜索引擎等。

四、方式

针对数字图书馆读者的不同年龄、不同教育水平以及不同背景会有不同层次的理解能力，图书馆要花更多的精力提供不同的教育辅助，其方式包括书面指导、个人指导、利用网络多媒体或电视等媒体。

第三节 数字图书馆读者推广和利用教育的内容

数字图书馆读者推广和利用教育的内容在读者利用教育中的重要性体现在对读者的指导,帮助读者了解和使用数字图书馆,唤起读者的信息意识等。

一、数字化图书馆环境中读者信息素养的培养

读者信息素养作为信息社会公民所需的素养,它是指在当今社会由于信息技术的普及,所有的人都不可避免地要利用信息技术,在日常生活与工作中都有可能接触和利用它。当今社会,一个人如果不了解信息技术就可能远离现代社会。了解信息、掌握信息科学技术是现代社会最基本的公民信息素养要求,公民的信息素养应该是信息社会中所有公民应该具备的基本素养。

读者信息素养的培养应该强调普及,作为图书馆尤其是公共图书馆,全民信息素养的培养是它的重要任务之一,图书馆的设备、人才、技术、资源优势将决定它在信息社会中的重要地位。因为尽管信息素养包括了信息意识、信息知识、信息道德和信息能力的内容,但更多的内容体现在信息系统的操作上,信息素养集中表现在操作能力方面,要求读者最终能自由地操作信息系统。信息素养的培育必须通过大量的操作实践,图书馆在进行读者信息素养的培养时要重点注意实践能力的培养。

二、揭示数字化图书馆环境中文献信息的传递与交流模式、特点

揭示数字化图书馆的环境中文献信息的传递与交流模式、特点,是为了使读者了解数字图书馆的原理和文献信息资源服务的运作方式。数字图书馆信息服务平台是图书馆为读者利用浩如烟海的网络信息资源而建立的,是数字图书馆与读者的桥梁。它具有信息导航的功能,其一是信息查询,通过数字图书馆的门户网

站进入互联网，作为信息导航器或搜索引擎，用来帮助读者查找网络信息；其二是以直接提供给读者信息为主。在数字图书馆的信息展示平台，互联网成为文献信息的传播媒体，通过这个媒体传递着馆藏文献信息、数据库信息、利用状况、研究评述信息等等。在信息展示平台，网络成为数字化图书馆最为表层的信息沟通，图书馆将需要对外发布的信息移至互联网上，开辟了过去从未有的渠道，使读者通过互联网进一步了解数字图书馆。

三、数字图书馆文献信息资源的类型与结构

数字图书馆文献信息资源的类型与结构，包括各种类型文献信息资料的结构、特色和使用方法。数字图书馆的信息资源不仅包括传统图书馆所能提供的文献信息资源，还应能够提供动态的文献信息和通告，并将传统出版物以多媒体和超文本方式提供服务。馆藏范围超出了印刷资料、微缩资料、视听资料等传统范围，延伸到各种电子出版物、电子信息资源，包容了各种不同的信息格式和信息类型。而且互联技术的应用，使外部信息资源成为图书馆的"虚拟馆藏"，数字图书馆馆藏的完整含义已经变成"实体馆藏+虚拟馆藏"。实现联网以后的图书馆可以连接到包括各种商业性电子文献传递中心、联机检索中心、电子杂志中心以及 Internet 等各级网络。这些外部信息资源虽然不属于本馆自身拥有的资源，但由于通过网络能连接和检索到它们并提供给用户，所以，这种资源无形中也就变成了本馆馆藏的一部分，即"虚拟馆藏"。数字图书馆提供的文献信息资源应该包括电子出版物、数据库、音像资料、网上新闻与通告、OPAC 等。

第四节 读者推广和利用教育的组织与设计

不同年龄、不同教育水平及不同背景的读者会有不同层次的理解力。对于数字图书馆的读者推广和利用教育，公共图书馆更加困难。高校图书馆有良好的读者层次、环境和设备、教育条件，其教育推广工作比较容易。在公共图书馆举办的教育活动其所要求的内容也要复杂得多，需要做好规划。目前图书馆经常举行各种读者教育活动，在吸引读者参与的同时，要把活动与数字图书馆内容包括馆藏信息相联系，比如在进行有关专题演讲时演示与专题相关的网络信息，引导读者在事后加入相关专题的搜寻，进一步激发读者接触图书馆、利用图书馆的兴趣。

一、面对面的读者指导

图书馆工作人员与读者亲身接触的辅导方式从心理学上讲是最好的，读者与图书馆面对面的交流互动，使读者对图书馆有一种亲切感，因此这种学习活动也最好在图书馆进行，它能吸引读者来到图书馆和参与图书馆。在进行读者辅导时加入利用教育，甚至有可能改变读者的学习习惯，尤其在讲究终生教育的今天，教会读者利用数字图书馆的技能会使他终身受益无穷。

二、网络、多媒体的应用和宣传

数字化环境使图书馆文献信息的传递与交流有了新的模式、新的特点，透过网络传递，数字图书馆还提供网上参考咨询服务，指导读者运用和搜索网上资源。数字图书馆将动态新闻、服务内容、使用规则、方法、利用程序、馆内数据库、计算机系统连接等通过网络发布来辅导读者。利用网络、多媒体技术使读者可以随时去利用，而图书馆也可以随时更新。

　　每一种数字图书馆读者推广和利用教育活动都有它的目标、效能，做好这方面的工作是图书馆的重要任务，数字图书馆读者推广和利用教育也需要包装，要使数字图书馆被每一位读者接受，要靠图书馆的精心设计，数字图书馆读者推广和利用教育应该引起重视，如果我们花了巨大的精力和代价，而没能使之在读者中得到推广的话，数字图书馆的建设将走进死胡同。

　　数字图书馆的建设，是国家知识基础设施建设的重要组成部分，是 21 世纪国家经济发展的重要保障，数字图书馆的推广和读者利用教育将使数字图书馆建设的目的转化为现实的生产力，避免出现重建设轻利用的状况，其意义是非常重要的。

第十章 我国公共电子阅览室发展状况

第一节 影响我国公共电子阅览室发展的社会环境

图书馆是一定社会文化的产物。图书馆的发展与其所处的社会环境密切相关。正如美国著名图书馆学家谢拉所说："图书馆是一个社会部门，在社会中起着媒介作用。它过去是，现在仍然是受社会环境的影响和制约的。"作为图书馆的一个业务部门，电子阅览室与其母体机构休戚相关，社会环境的影响同样也会波及到电子阅览室。

社会环境大致可以归纳为政治、经济、社会文化、技术等方面，其中技术方面影响较大的是信息技术的发展。

一、政治环境及其影响

一个社会的政治环境主要包括两个方面：一是社会的政治制度，即统治阶级组织政权的形式；二是维持这一制度运行的国家机器，特别是政府的行为。这两个方面均对图书馆的发展具有显著影响。这种影响首先表现在，民主、稳定的政治制度和国家行为有利于图书馆的发展，专制、动荡的政治制度和国家行为会阻碍图书馆的发展。

中华人民共和国的国家性质是工人阶级领导的、以工农联盟为基础的社会主义制度，人民代表大会制度是中国人民民主专政的政权组织形式。2002年党的十六大提出了以"三个代表"为指导思想，深化改革，集中力量，在21世纪的头20年全面建设惠及十几亿人口的更高水平的小康社会的战略构想。全面建设小康社会——经济更加发展、民主更加健全、科教更加进步、文化更加繁荣、社会更加和谐、人民生活更加殷实的目标将会促进公众对丰富文化生活的需要,促进社会对图书馆功能的更大需求,促进社会对电子阅览室电子信息服务的需求。

二、经济环境及其影响

经济环境主要包括宏观和微观两个方面的内容。宏观经济环境主要指一个国家的人口数量及其增长趋势,国民收入、国民生产总值及其变化情况以及通过这些指标能够反映的国民经济发展水平和发展速度。微观经济环境主要指图书馆所在地区或所服务地区的消费者的收入水平、消费偏好、储蓄情况、就业程度等因素。

电子阅览室的发展与社会经济水平密切相关。首先,电子阅览室的建设与发展依赖于社会提供的资金和物力保障,因此一个社会的经济水平决定了它对图书馆电子阅览室的资金投入量,电子阅览室是高投入项目,没有大量的资金根本维持不了;其次,经济发展水平还在很大程度上决定着人们的教育水平,因而在很大程度上决定着社会成员的信息需求和信息素质。

从1978年到20世纪末,我国已经走出了一条具有中国特色的改革开放之路,这条道路已经带领中国经济取得了举世公认的成功。经济的腾飞对公共图书馆最显著的影响是促进了图书馆基础建设投资,新建或扩建馆舍如火如荼,图书馆硬件设施大大改善。在经济较发达地区,图书馆的事业发展经费得到了显著提高。1995-1999年间,北京公共图书馆的拨入经费增长了222%;浙江增长了209%;上海增长了200%。很多公共图书馆将大量的资金投入到电子阅览室的建设中,并将设立电子阅览室看作是图书馆现代化的标志。

1996年,我国明确定义了国家信息化,同时确立了组成国家信息化体系的6个要素,即"信息资源、信息网络、信息技术应用、信息技术和产业、信息化人才队伍、信息化政策法规和标准规范"。2003年7月,温家宝总理在国家信息化领导小组第三次工作会议上指出,大力推进信息化是我国实现工业化、现代化的必然选择,是覆盖现代化建设全局的战略举措。大力推进信息化的背景给公共图书馆电子阅览室带来了发展机遇。随着国家信息化体系要素不断取得突破性进展并在社会各行各业和人们日常生活中的不断应用渗透，随着国家级和各种行业网、专业网的相继开通，特别是政府上网、电子商务、电子政务、网上教育及数字图书馆工程的实施，既丰富了电子阅览室的网络信息资源，又促进了用户对电子信息资源的需求。

微观上，经济的发展和人民生活水平的提高已经使我国社会出现了一些消费社会的特征：消费水平和消费规模不断扩大，消费行为比以往更明显地表现为文化行为，我国居民的消费结构也在发生深刻变化。2001 年居民文化教育娱乐项目支出比重已达 13%，超出衣着和居住支出，成为继食品支出之后的第二大支出项目。教育部部长陈至立在 2003 年指出，在我国，在政府引导下建设学习型社会的时机已经成熟。读者阅读需求的增长必然会带动对电子信息服务的需求。

改革开放以来，我国城市化进程明显加快，随着我国城市化程度的提高，城市的文化品味和城市人的现代素质将是城市发展战略中不容忽视的问题。图书馆作为城市文化的代表，不仅是服务城市不可缺少的设施，也是城市的形象。因此，城市化建设必然会促进公共图书馆的建设与发展，同样也会促进图书馆现代标志——电子阅览室的建设与发展。

三、社会文化环境及其影响

社会文化环境包括一个国家或地区的居民教育程度和文化水平、宗教信仰、风俗习惯、审美观点、价值观念等。社会文化对生活在其中的个人、社团及组织具有巨大的塑造作用。

2002 年党的十六大明确提出要以"三个代表"重要思想统领文化建设，在我国发展面向现代化、面向世界、面向未来的、民族的、大众的社会主义文化。

公共图书馆电子阅览室承担着倡导主流文化，引领大众文化，满足大众文化需求的职能。电子阅览室作为社会主义精神文明窗口，在网络信息传播中要坚持正确的政治方向，体现先进文化的前进方向，营造和培育健康有益的文化休闲氛围，以陶冶大众情操，提升文化品位，满足广大群众日益增长的文化娱乐和信息需要为己任。

十六大以后，我国在文化事业单位运行机制问题上进行了新的探索。将文化事业单位分为公益性和经营性两大类。公益性文化事业单位改革的基本导向是以增加投入、转化机制、增强活力和改善服务为重点，深化内部改革，面向群众，面向市场，利用市场机制增强自身活力。在部分文化活动领域，我国的文化产品正在越来越多地通过市场提供。文化事业的转型、政府职能的转向对公益性的电子阅览室意味着完全依靠政府资助将不可能。在电子信息服务领域，多种经营方式并存给公共图书馆电子阅览室带来了压力。

四、信息技术的发展及其影响

电子阅览室是信息技术发展的产物，是图书馆中计算机技术、多媒体技术、高密度存储技术、网络技术等信息技术的集中应用。

信息技术的发展不仅决定了电子阅览室文献信息的载体形态，还决定了电子阅览室开展信息服务的手段。我国图书馆电子阅览室最早提供光盘、磁盘文献。20 世纪 90 年代中期，信息基础设施建设在我国全面展开，1995 年我国提供接入互联网服务，网络信息资源服务因为自身优势逐渐成为电子阅览室信息服务中的主流。信息技术的发展为电子阅览室的管理工作提供了先进的有效的技术手段，比如安装过滤软件、推广绿色上网软件监管用户上网行为等。

信息技术不仅给电子阅览室的发展带来了便利的条件，也带来了严峻的挑战。远程信息服务技术、便利的搜索引擎技术以及无处不在的网络信息服务商，使得用户可以越过图书馆，通过家用电脑、单位电脑、农网、乡村电子信息馆、网吧等获得所需信息。

电子阅览室作为生长在公共图书馆内部的一个业务部门，它的建设和发展与公共图书馆的发展密切相关，因此，我们首先必须了解我国公共图书馆发展的现状。

第二节 公共图书馆建设公共电子阅览室的意义

一、社会意义

计算机技术和远程通信技术的发展,使互联网在 20 世纪的最后十多年内飞速蔓延到全球 240 个国家。它连接了世界范围内不同的信息系统,突破了地域、时空、文化、语言的限制,实现了跨国界、跨领域、实时的信息传递和交换。互联网赋予全世界的个人和社区,不管是在偏远的山村,还是在繁华的都市,自由获取信息的权利,每个人都能够平等地获取那些用于个人发展、教育、丰富文化、经济活动和参与民主活动的信息。所有的人都可以展示他们的兴趣、知识和文化,与全世界分享。

然而,信息技术的发展并未真正消除人们在获取知识和利用信息方面的不平等,反而使这种不平等差距更加扩大,形成了所谓的"数字鸿沟"。据美国商务部的解释,数字鸿沟是指在所有的国家,总有一些人在使用社会提供的最好的信息技术,他们有功能强大的计算机,能享受最好的电话服务和最快的网络服务,也受到了这方面最好的教育。而另有一部分人,他们出于各种原因不能使用最新的或最好的计算机、接入最可靠的电话服务或最快最方便的网络服务。这两部分人之间的差别,就是所谓的"数字鸿沟"。数字鸿沟带来了新的信息获取和信息利用的不平等。

在我国现阶段,个人之间的"数字鸿沟"的形成主要有两方面的原因:首先是经济原因,由于缺少利用网络的经济基础,没有上网设备;其次是个人信息素质方面的原因。在同样的信息环境中,具有良好信息素质的用户可以在大量庞杂的信息之中快速获取自己所需的信息,而缺乏上网技能以及网上信息搜索技术的信息弱者无法自由地利用网络。

2002 年 5 月 1 日,国际图联正式颁布《IFLA 因特网宣言》,指出:"图书馆与信息机构是活跃的单位,它们将公众与其所搜寻的全球性信息资源、理念和创造性工作联系在一起""图书馆与信息机构是提供因特网基础的门户，它们对某些人提供了便捷、导引和帮助；对另一些人它们仅仅是存取点。它们提供的机制克服了由于资源、技术和训练不同所产生的屏障。"

因此，在我国公共图书馆建设电子阅览室，免费或只收少量的费用，向社会公众开放，使社会中的每一个成员具备了自由获取知识或信息的权利，在消除"数字鸿沟"、保障社会信息公平方面有着重要的社会意义，是公共图书馆精神在数字时代的弘扬和延伸。

二、对公共图书馆的意义

飞速发展的信息产业，使信息产品多样化，各种多媒体信息日新月异，传统的纸张型文献已远远不能满足读者的需要，信息的多样化要求我们必须转变传统的阅览服务观念，转变传统的服务方式。

电子阅览室是图书馆为适应大容量的馆藏数字化信息资源和网络资源，为读者提供便捷服务而建立的，是图书馆在网络环境下，面对高新技术的广泛应用开展文献信息服务的延伸和补充。

电子型文献集文字、图像、声音于一体，具有交互性、自主选择性，尤其是网络信息包罗万象、更新及时，吸引众多用户，为用户打开了一扇通向世界、了解世界的窗口。

公共图书馆设立电子阅览室可以弥补馆藏文献载体单一、文献老化等缺点，增强图书馆的文献保障能力，拓展信息服务功能。

2000年9月，中国青少年发展基金会在京启动了一个大型公益项目——乡村电子信息馆。该项目计划用3年时间在全国一万个乡镇中心建成以激光视盘、电子软件、激光唱盘为主要载体，利用互联网和卫星数码传播手段，集合书报刊等传统媒体的农村文化教育资源库暨信息服务中心。乡村电子信息馆的出现是对公共图书馆的一个巨大威胁，因此，公共图书馆必须努力建设好电子阅览室，增强公共图书馆电子信息服务功能，在电子信息服务领域中找到合适的位置。

第三节 我国公共电子阅览室发展状况

一、概况

近几年来，各级公共图书馆都以建立电子阅览室作为图书馆走向现代化的标志，纷纷创造条件设立电子阅览室，尤其是在全国文化信息资源共享工程的推动下，公共图书馆设立的电子阅览室迅猛增长。

尽管目前全国各级公共图书馆究竟有多少家设立了电子阅览室还缺少权威的统计数字，但是我们可以从各地文化事业的相关报道中发现我国公共图书馆建设电子阅览室的有关信息。目前，我国公共图书馆电子阅览室建设，有着整体前行的良好趋势，也有着不容忽视的事业内部差异扩大的隐忧。一方面，公共图书馆设立电子阅览室遍布全国；另一方面，受地域经济条件和技术实力的影响，经济发达地区和欠发达地区、行政级别较高的公共图书馆与行政级别较低的公共图书馆在建设电子阅览室方面存在着资金、服务理念、服务内容、服务手段、服务效果上的差距。

二、我国公共图书馆电子阅览室发展状况

从事社会信息学研究的人认为，信息技术的应用可以被视为一个"社会——技术网络"。它是一个包括许多要素的系统，如：人、信息技术硬件、信息技术软件、法律环境等。电子阅览室是计算机技术、网络通信技术等信息技术在图书馆的应用。可以从以下几个方面来描述我国公共图书馆电子阅览室的发展状况。

（一）经费资源

公共图书馆是依靠地方财政拨款的公益性机构。作为公共图书馆的一个新的建设项目，电子阅览室的建设与维护需要投入大量的资金。目前还没有

相关的法规出台来保障公共图书馆电子阅览室的建设经费，因此，各地公共图书馆建设电子阅览室经费来源不一。有条件的公共图书馆由地方财政投入专项建设资金。很多基层公共图书馆事业经费基本上每年固定不变，除去购买纸质书刊的费用所剩无几，在地方财政无力负担的情况下，只能多渠道筹集资金建设电子阅览室，馆员集资或向社会引资，吸引社会力量投资创建电子阅览室。在这样的条件下，建设电子阅览室，它的维护更新费用、人员培训费用、购买电子文献资源的费用常常得不到保障。文化部办公厅《关于加强公共图书馆电子阅览室管理的通知》规定："公共图书馆电子阅览室要遵循公益性原则，不得开展经营性活动。除收取必要的成本外，不得收取其他任何费用。"其中"收取必要的成本"没有具体的说明，给图书馆实际操作带来混乱。由于政府投资经费不足，社会投资需要收回成本，获取利润。公共图书馆的电子阅览室大多是收费的（包括政府投资建设的电子阅览室），有些公共图书馆为了维护"公益"形象，采取分时段、分内容、分区域收费，既要维持电子阅览室的生存，又要维护群众利益。

（二）人力资源

公共图书馆电子阅览室的人力资源是指电子阅览室从业人员所具有的劳动能力的总和。在现实工作中，人力资源表现为电子阅览室的工作人员，包括阅览室管理员、网络中心管理员、系统维护员及"全国文化信息资源共享工程"提供的"联合参考咨询网"上的咨询专家等。电子阅览室的工作人员是实施电子阅览服务的主体。

电子阅览室集中体现了计算机技术、多媒体技术、高密度存储技术、网络技术等信息技术，同时，电子阅览室的业务工作集电子型文献的阅览、咨询、培训、服务为一体，所以，电子阅览室的工作人员不仅要具备一定的计算机操作技术和外语水平，还要具备相当的信息素养、组织管理能力和较强的信息服务意识。从我国公共图书馆馆员的年龄结构来看，现阶段年龄在35~40岁的图书馆馆员占很大比例，也就是说，他们接受职前教育大多在10年前，这就使得他们的知识结构是以传统图书馆技能为主。在这种情况下，图书馆馆员的知识、技能需要不停地更新才能满足工作需要。

（三）电子信息资源

电子信息资源又称数字信息资源，是以能被计算机识别的、不同序列的"0"和"1"构成的形式生产和发行的信息资源。

早期的电子资源以软磁盘为主要载体，20世纪80年代后期到20世纪90年代中期是光盘最流行的时期。1994年中国正式接入国际互联网，1995年向社会开放并提供服务。随着互联网的发展，利用网络传递的电子信息资源的数量每年都以几何倍速增长，网络信息资源目前在电子信息资源中已经占有绝对比例。和传统文献相比，网络信息资源具有信息量大传播范围广泛，信息增速快，寿命短暂，信息发布自由、来源广泛、内容庞杂且质量不一等特点。图书馆提供的电子信息资源可以分为现实馆藏资源、虚拟馆藏资源。现实馆藏资源包括本馆自建的数字化信息，如馆藏书目数据库、特色馆藏数据库等；购入的电子书刊、视听产品等电子出版物；网络上采集并下载到本地服务器中的信息资源。虚拟馆藏资源从功能上可以分为网络数据库、数据出版物、在线馆藏书目库、网络动态信息等。

电子信息资源是电子阅览室开展服务的基础。目前，各级公共图书馆电子阅览室电子信息资源建设程度不一，一些条件较好的公共图书馆电子阅览室提供的网络信息资源除了互联网上的电子信息资源外，还提供《中国期刊全文数据库》（CNKI）、《万方资源数据库》、《全国报刊索引数据库》、《超星电子图书馆》等各类电子信息资源。但是很多基层公共图书馆电子阅览室由于经费有限，大多只能提供互联网上网服务。

2002年，由中央财政支持、以各级公共图书馆为实施主体的"全国文化信息资源共享工程"正式启动。"共享工程"旨在以国家图书馆、中国数字图书馆、国家文化部直属单位历年积累的数字资源为基础，整合全国的图书馆、博物馆、美术馆、文化馆、文化艺术研究机构和文艺演出机构的已有数字资源，并策划新的资源，建设一个包括文化法规、图书音乐、美术戏曲、文化旅游、文化史料、对外文化交流、全国知名艺术家等文化信息以及生活礼仪、农业科技、卫生保健等信息的文化数字资源库。截至2003年初，"共享工程"已建立了由50余个多媒体资源库组成的文化信息资源库群，包括

100 万册（件）文献、1000 台优秀地方剧目、1000 部优秀音乐作品、1000 幅优秀美术作品、1000 件珍贵文物等数字资源，并已对外提供服务。"共享工程"针对不同的用户群，分别设置了"综合版""少年版""农村版""社区版""企业版"。我国省级公共图书馆是"共享工程"的省级分中心，很多基层公共图书馆是"共享工程"的传递单位。"共享工程"与基层文化设施网点建设、图书馆网络化、数字化建设紧密相关、互为促进，丰富了基层公共图书馆电子阅览室电子信息资源的内容。

第十一章 我国公共电子阅览室发展中面临的困惑

第一节 "公益性"与"收费制"问题

图书馆是一种社会公益性机构,设立这个机构所需的费用来源于政府拨款。公共图书馆以提供文献信息资源、促进全民终身教育为宗旨,以社会公众为服务对象。公共图书馆的价值体现在无偿向公众提供优质的文献信息服务,争取最大的社会效益上。公共图书馆的公益性表现为免费提供图书馆资源和设施的使用以及普通读者服务。普通书刊阅览、外借实行免费原则是我国公共图书馆多年来树立的公益形象。

20世纪90年代中期以来,我国公共图书馆新设的电子阅览室服务大多采取有偿服务形式。电子阅览室收费服务排斥了一部分用户,很多人认为收费服务不符合公共图书馆的社会地位和宗旨,违背了公共图书馆的公益性原则,公共图书馆的社会公益形象大打折扣。

文化部办公厅《关于加强公共图书馆电子阅览室管理的通知》规定:"公共图书馆电子阅览室要遵循公益性原则,不得开展经营性活动。除收取必要的成本之外,不得收取其他任何费用。"对于"必要的成本"没有具体说明,给各地图书馆在实际操作中带来混乱和困惑。

电子阅览室是高投入项目,建设资金以及更新维护费用很大,目前,还没有一部法规能保障电子阅览室建设经费的来源,因此,对于公共图书馆来说,建设和维护电子阅览室经济压力很大。有些地区政府的财政拨款不能维持电子阅览室的正常运转,有些地区由于经费不足,建设电子阅览室根本不在政府资助计划之内，所以图书馆只能自谋出路，多方筹集资金。部分公共图书馆向社会引资，社会资本参与电子阅览室的建设。逐利是资本的天性，投资者不仅需要收回成本还要获得利润。公共图书馆电子阅览室提供的信息成品与服务都是知识产品，这些产品的生产、提供与保存过程都会有各种费用的发生，包括由国家拨款支出的费用，投资者投入的费用支出以及图书馆工作人员知识创新成果所发生的费用及价值。这些费用的支出均需要收回成本。

在经济管理学中，公共图书馆建设属于国家基础设施建设中的准公共物品，准公共物品在大多数情况下，由政府提供更为合适。这是因为准公共物品一般需要较大的投资，一旦建成后，其使用时的边际成本较低，而社会效益较大。因此政府投资建设，只对社会公众实行收回必须成本的免费服务；而由个人或企业投资建设的，则采取低价，然后由国家奖励或以其他形式来补贴，以达到社会效益最大化。否则，根据资源最优配置原理的要求，如果按边际成本定价，企业无法收回全部成本，会严重挫伤投资企业的积极性；如果按全部成本定价，则不符合公益性原则，成为纯经营性的行为。因此对公共图书馆电子阅览室运行成本进行分析，在遵循公益性原则的前提下，可以确定其合理的收费标准和范围，使其获得部分补偿金得以生存和发展，既保障公共图书馆的权力和利益，又保障投资者的权力和利益。

同时，我们必须清醒地认识到，向读者（用户）提供免费服务是公共图书馆的立足之本，电子阅览室服务收费有其外在的社会原因，是当前我国国情的需要，是权宜之计，公共图书馆电子阅览室不能一味地追求经济效益，社会效益才是我们追求的目标。因此公共图书馆在不得不收费的情况下，应该向用户提供完善的服务，让用户认为物有所值，以优质的服务赢得公众的尊重，向社会表明自己独一无二的专业地位和重要性，以赢得更多的政府资助和社会支持。

第二节 对公共电子阅览室服务功能的认识

电子阅览室的功能是依据公共图书馆电子阅览室的定位、目标以及资源拥有状况而确定的电子阅览室服务活动的核心内容。电子阅览室服务功能的实现是电子阅览室各类相互关联的活动共同作用的结果。

《文化部办公厅关于加强公共图书馆电子阅览室管理的通知》中规定电子阅览室具有以下功能：①使用计算机管理各种文献信息资源，用数字化的信息提供阅览、咨询及网上服务；②利用各种网络通信手段连接各种信息服务中心，包括地区、国家和国际上的信息数据库系统；③使用新技术如光盘存储、多媒体技术等，组织较大型的专业数据库检索系统，供读者检索。同时，《通知》将公共图书馆电子阅览室的业务工作范围限定为：①电子文献的阅读和查询；②为科研、生产、领导机关提供信息检索服务；③互联网信息查询服务；④多媒体资料（CD-ROM）的浏览和查询；⑤音像资料（CD、VCD录音带、录像带等）的欣赏、查询和外借；⑥帮助读者学习计算机基础知识、网络知识、展示推广最新计算机软、硬件产品等；⑦开展与计算机、计算机检索、网络服务有关的各种形式的培训工作；⑧收发电子邮件。

然而，目前我国公共图书馆电子阅览室的用户利用互联网聊天、玩游戏的时间要远远多于网上学习的时间，在电子阅览室休闲娱乐的用户超过上网查资料、学习的用户。在2003年对全国9大城市青少年开展的一次调查中，问及上网目的，47.9%的孩子选择了聊天。年轻的网络用户们认为，发送电子邮件、聊天和下载音乐是互联网为他们提供的较为重要的功能。

电子阅览室预期的服务功能与其实际表现的差距往往被认为是由于电子阅览室缺乏管理、缺乏监督导致的后果，于是各级主管部门三令五申要加强公共图书馆电子阅览室的管理，甚至有些主管部门明文规定，电子阅览室严禁提供网络游戏、严禁18岁以下的未成年人进入。

提供网络游戏、允许未成年人上网并不是电子阅览室服务功能发生偏差的根本原因。电子阅览室服务功能"扭曲"现象，一方面有其客观原因，如电子阅览室经费不足，电子信息资源建设程度低，工作人员信息服务意识差，用户信息素质低等。另一方面，公众对互联网以及电子阅览室网络用户的信息行为缺乏科学的认识，是造成公众对电子阅览室服务功能的期望与它的现实表现出现巨大反差的主观原因。

我们必须深入分析电子阅览室服务功能发生偏差的深层原因，正确定位电子阅览室的服务功能，从而引导公众客观评价电子阅览室的服务效果，消除公共图书馆电子阅览室在社会上的负面影响，保障电子阅览室健康科学地发展。

目前，我国大多数公共图书馆提供基于互联网的电子信息服务。在很多基层公共图书馆电子阅览室，互联网是唯一的电子信息资源，因此，正确认识互联网是正确认识公共图书馆电子阅览室服务功能的前提。

一、互联网：交互性、虚拟性、时效性

互联网常常被看作是一个信息源，为我们提供了丰富的网络信息资源，尤其在图书馆界更是将互联网作为一个巨大的网络学术资源库来开发，出现了很多介绍网络学术信息资源检索与利用的书籍，诚然，这与图书馆工作性质是一致的。

然而，互联网不仅仅是信息源，它更是一个平台，一个具有中介性质的平台。这个平台的表现形式多种多样：QQ、聊天室、电子邮件、微博等。以这些形式为依托，信息传播者和接受者之间可以自由地实时地交流，节约了许多中间环节，使得信息的传递更加高效。互联网的平台性质决定了它的交互性。一般的网民都有能力在互联网上发布信息和观点，网民自身参与并成为网络媒介内容的一部分，集传播者、接受者为一身。无论是失业者、处于社会无权阶层的人，还是没有受过良好教育的人都不再被看作是无用之人，互联网帮助社会的每一个成员在网络空间中获得同等和无障碍的交流机会。在互联网上，网民们释放身心，以独有的网络语言进行各种个人化的交流，互联网因此被视为一个更自由的空间。

互联网的时效性包括发布信息的时效性和传递信息的时效性。前者侧重

一种公开传播，后者则包含了人际间的交流。传统媒体一般侧重于前者，而且在速度方面也远远不如互联网。报纸、广播、电视新闻的制作过程都需要一定的时间，而互联网的信息发布方式是极为简洁的，几秒钟就可以完成一个签发。互联网还提供了一个人际交流的平台。在网上，人际间的信息传输速度无与伦比。互联网上有很多公用和商用的数据库和大型新闻信息网站，同时提供很多迅速有效的信息搜索工具。这些便利的条件使得很多网民利用互联网获取自己所需的信息，包括新闻信息、商业信息、娱乐信息等。

互联网的交互性、虚拟性和时效性是其迅速发展、广泛应用的原因，它的交互性的表现形式——电子邮件、聊天室、聊天工具等被网民们应用最多。CNNIC历年统计报告显示，网民上网最主要的目的是获取信息和休闲娱乐。事实证明，互联网是年轻人生活中搜索信息和休闲娱乐的首选。

二、教育传播以印刷型文献为主体

尽管电子媒介和网络媒介相继出现，印刷媒介仍然是用户在面临媒介渠道时的重要选择。有学者发现，教育程度越高，选择印刷物的比例就越高，当处理闲暇时间时，教育程度高的人更倾向于减少使用电子媒介的时间而不是印刷媒介的时间，他们会更多地关注印刷媒介。

美国传播学家威尔伯·施拉姆在《传播学概论》中用"生命空间"来解释这一现象。"生命空间"包含着人们一切的人生体验，人依赖这一空间来处理与周围环境的关系，随着年龄的增长，人生体验逐渐增多，生命空间越来越充实。

尽管电子媒介、网络媒介已经发展成熟，但在教育传播这一方面，却仍以印刷媒介为主体，从小学到大学，"课本"一直是赖以学习的主要渠道。因为能承载各个层次的深度信息的媒体，非印刷媒介莫属。而且教育体制千百年来的发展，也形成了一整套以印刷媒介为主体的完善的有效的教育制度。由此可以延伸出一种惯性的思维——既然在阅读技能方面如此娴熟，那么在以后漫长的寻求知识的过程中，教育程度高的受众就会倾向于寻求印刷媒介这一渠道。另一方面，承载知识最好的媒介不是视听媒介而是印刷媒介。知识以一种抽象的形式表现出来，需要深度介入和深度理解。在受众阅读技能的基础上，印刷媒介可以提供的信息是多层次的、厚重的，知识的魅力也就因此而得以呈现。

因此，尽管互联网被很多人认为是巨大的信息资源库，但是，完全利用互联网或其他电子信息资源作为接受教育的途径的用户目前在我国还很少见。

三、电子阅览室网络用户的信息行为

CNNIC 历年统计报告显示，学生和专业技术人员是互联网网民主体，其中，家庭、办公室、学校是网民上网的主要场所，而选择公共图书馆电子阅览室上网的用户以无个人电脑、无收入的学生群体为最。

在社会因素、自然因素相对稳定的情况下，网络用户的信息需求与信息行为受其个体特征的影响，这些影响因素包括：用户的职业与工作任务、用户所受的教育与知识水平、用户个人志趣与特点以及用户个人的信息素质等。

在我国现阶段，学生是基层公共图书馆电子阅览室的用户主体。而我国当前学校的教育方法一般是重视知识的传授，要求记忆力好，所谓博闻强记，不同于西方人重视技巧，强调工具的应用。因此，在我国目前的学校教育中还未挖掘互联网的学习教育功能。

现代社会快节奏的生活方式、高强度的社会竞争，人与人之间社会交流的机会越来越少，同时，由于压力过大而出现的社交障碍使得人与人之间的互动变得越来越困难。然而，人与人之间的交流是不可或缺的，为了弥补这种欠缺，人们通过互联网这个平台相互交流。特别是，当今学生多数是独生子女，在家庭中缺乏兄弟姐妹的情谊，在学校面临考试、升学的压力。学生们出于逃避现实、情感交流或娱乐的需要利用互联网，在虚拟的网络世界中获得理解和快乐，得到满足。传播学"使用——满足理论"中的"媒介依赖论"认为，从媒介那里获得了需求的满足，人们就会产生一种对媒介的依赖感。这就是学生沉溺于网络世界的社会根源和心理根源。

然而，互联网与其他媒体不同，既有让用户自由自在获取大量信息的长处，又有使其轻易接触到不良网站的危险，从而对用户产生负面影响。互联网的负面影响是造成提供互联网上网服务的公共图书馆电子阅览室备受质疑的主要原因。

网络游戏近年来在我国发展迅速。中国网络游戏市场 2001 年市场规模为 3.1 亿元人民币，2002 年增长到 9.1 亿元人民币。目前，全国 4000 万网络游戏玩家中 25 岁以下用户超过 80%。青少年迷恋网络游戏不仅占用所有的业余时间，而且严重影响正常的学习和生活。成长中的青少年识别能力与自控能力比较差，善于学习与摹仿，一旦长时间沉迷于那些带有暴力、色情等内容的网络游戏，青少年身心健康会受到极大的伤害。

尽管网络游戏也可以给人带来精神上的刺激和快乐，但是大多数家长、教师都对网络游戏持否定的态度。因此，公共图书馆电子阅览室允许运行网络游戏，被公众认为是弃社会主义主流文化而趋附庸俗，是追逐经济利益，是服务功能"扭曲"。

四、正确认识与发挥电子阅览室的服务功能

公共图书馆电子阅览室是公共图书馆近几年来才普遍开设的部门。社会公众以及图书馆界对电子阅览室的服务功能、服务对象还缺乏统一认识，在实践中表现为各馆在是否提供网络游戏、是否向未成年人开放等方面做法不一。有的公共图书馆（如首都图书馆）规定，16 岁以下未成年人在监护人的带领下，免费阅览视听资料；有的公共图书馆（如辽宁省省馆）明确规定，严格办理登记手续，严禁 18 岁以下未成年人上网，不从事网络游戏等与电子阅览室功能无关的活动。

2004 年 10 月国际图联发布的《青少年图书馆服务发展指南》认为，图书馆必须对所有的人开放，因此必须尊重他们不同文化差异的需求。处于儿童与成年人之间的青少年时期是人生一个非常特殊的阶段。青少年应享有与其他年龄群体相同的图书馆服务。激发青少年终身阅读以获取信息和满足娱乐的需求、提高青少年的信息素养能力是图书馆为青少年服务的目标之一。在国际图联推荐的服务项目中包括培养阅读和信息技能（使用印刷型资源和电子资源的技能），在其要求收藏的文献资源中包括：棋盘游戏和电子游戏，

视听资料和耳机等满足读者的需求。

因此，我国公共图书馆有责任有义务为未成年人服务。公共图书馆可以从有益于青少年的角度与学校或其他机构合作，创造有利于未成年人健康成长的良好的社会育人环境。电子阅览室可以充分利用现有的网络平台，组织开展各种对未成年人有吸引力的文化活动，开辟网络课堂，鼓励文化工作志愿者利用网络解答未成年人在学习和生活中遇到的各种问题，把电子阅览室建设成为未成年人思想教育和文化艺术教育的重要的网络文化阵地，成为家长放心、社会认可的文化场所。

公共图书馆不仅具有教育功能，同时还具有文化娱乐功能。公共图书馆是为一定区域内的社会成员服务的。社会成员的社会活动可粗略地分为两大部分：一部分是职业活动，另一部分是生活、社交和休闲等活动；一般而言，各类行业图书馆所满足的主要是由职业活动所引发的信息需求，公共图书馆所满足的是后一部分活动所激发的信息需求。

20世纪后半叶以来，休闲娱乐已经逐渐成为我们这个时代最重要的特征之一。在经济发展到一定程度，人们开始较为富裕的时候，生活物质消费在家庭消费支出中只占很小的比例，人们更多地将金钱投入到休闲娱乐消费中。文化娱乐本身是民众借以养心修性、喻悦心情的重要方式之一。德国伟大的文学家席勒高度评价娱乐休闲的作用："当人是完全意义上的人时，他肯定在玩；人也只有在玩的时候才是完整的人。"在我国图书馆界也开始重视满足用户的文化休闲需求，比如，在《全国文化信息资源共享工程》（少年版）网站上设有"开心游戏"专栏。

诚然，我国图书馆文化娱乐功能的发挥，受到我国政治和文化环境的约束。我国公共图书馆是社会主义精神文明建设的重要阵地。公共图书馆电子阅览室承担着倡导主流文化，倡导文明健康的网络文化，倡导健康向上的娱乐活动的社会责任。因此，公共图书馆电子阅览室必须用有益的娱乐吸引人，以高尚的趣味感染人，以健康的情操培育人，丰富用户的精神生活，为用户提供健康有益的绿色网上空间，只有这样，公共图书馆电子阅览室才能取信于民，才能赢得社会公众的支持和理解。

第十二章 "海疆万里数字文化长廊"建设

第一节 "海疆万里数字文化长廊"的服务对象、内容与方式

在国家海洋战略框架下，海疆万里数字文化长廊应根据服务对象的特征与需求，体现海疆特色。海疆万里数字文化长廊的服务对象主要有两大群体：海疆地区所驻海陆空军、海警、武警边防官兵和海疆地区居民，这两大群体之间以及各群体内部之间均有较大差异，对文化信息的需求有所不同。海疆万里数字文化长廊建设应坚持差异化服务原则，根据服务对象的群体特征与实际需求，有针对性地提供服务。海疆万里数字文化长廊建设涵盖服务内容与服务形式。服务内容包括保障性的一般文化信息服务与提升性的特殊文化信息服务两大类；服务形式主要基于服务对象的特征，结合服务内容，有针对性地为服务对象设计服务形式。

一、海员和灯塔"人有其书"

阮冈那赞在论证图书馆五定律中第二定律"每个读者都有其书"时曾举过海员的例子：世界上有很多海员，海员的大部分时间在海上度过，像印度这样海运不发达的国家也有 60 万人绝大部分时间生活在海上，亟待向海员提供图书服务。

英国 1919 年成立名为"海员"的教育服务机构，旨在向广大海员提供图书。同年 5 月世界成人教育协会召开船长、海员工会和慈善团体代表大会，

设立常设委员会，负责海员教育计划中的图书馆筹建工作和海员读书活动的举行。经验证明，海员喜欢阅读优秀作品，且非常珍惜；在远航中，大部分图书得到利用，近 75%海员养成了读书习惯，而陆地上充其量只有 10%的人会这样。1928 年底开展该服务的船只达到 1276 艘。与此同时，灯塔看守人对图书的需求不亚于海员，岸边的灯塔有可能获得县市图书馆的服务，那里应设立专门的中心机构，以满足生活于孤崖峭壁上的灯塔工人对图书的需求。在大不列颠和爱尔兰，近 300 个灯塔和灯塔船可以定期获得图书服务。

二、服务对象

（一）海陆空、海警、武警边防官兵

沿海地区驻扎着海陆空、海警和武警边防官兵等，担负着保卫国家领土与领海主权、维护海洋权益的任务。海陆空、海警和武警边防官兵之间在功能、任务以及人员构成方面存在差异。海陆空军作为武装力量主体，主要担负防卫作战任务；海警是维护海上治安的武装执法力量，主要职责是海上救助、海上治安管理和海洋维权；武警边防是国家部署在沿边沿海地区和口岸的重要武装执法力量，主要职责包括沿边沿海地区边防管理、海上治安管理及渔船民管理、防范与打击沿海地区违法犯罪活动等。

由于地理位置比较偏僻，交通不便，自然环境较恶劣，现代公共文化服务体系尤其是公共图书馆服务体系目前尚未充分保障驻扎在海疆地区的海陆空、海警与武警边防官兵能享受公共文化服务，他们期待海疆万里数字文化长廊能提供丰富多样的文化信息服务，以充实精神世界，提升文化素养。此外，边防派出所和边防检查站作为武警边防的基层管理单位，在承担边民与渔船民管理职责的同时，能利用海疆万里数字文化长廊的文化信息资源辐射周边居民，实现军民、军地文化互动。

（二）海疆地区居民

实地调研发现，海疆地区居民主要有三类：常住居民、大中型企业中较为稳定的外来务工人员以及渔业等流动性较大的临时务工人员。海疆地区常

住居民的生活状况差异较大：生活在经济水平较高、交通便利的沿海市、县、乡镇地区的居民可以较为充分地享受到现代公共文化服务体系提供的文化信息服务。生活在近岸村镇或海岛上的居民，由于地理位置特殊、交通不便，加之自然灾害较多，经济发展水平较低，精神生活相对匮乏。以渔业为主要经济来源的居民在休渔期往往无事可做，而现代公共文化服务体系不能延伸到当地，客观上形成了一个又一个公共文化服务空白点。

海疆地区大中型企业主要涉及造船、远洋捕捞、海洋养殖、海产品加工、渔业服务等，这些企业相对稳定地雇佣着较大数量的外来务工人员，加之捕鱼季的临时流动人员，他们往往过着岗位与住所两点一线的生活，闲暇时间靠喝酒、打牌等打发。以远洋捕捞公司为例，远洋捕捞队每次出海通常为3~6个月，在海上期间文化设施较少且落后，生活比较枯燥。此外，海上天气变化多端，许多作业船只为避风浪，往往在港口停泊多日，在此期间船上工作人员无事可做。海疆万里数字文化长廊作为现代公共文化服务体系在海疆地区主要的实现手段，应将他们纳入服务范围，提供丰富多样的文化服务与文化关怀。

三、服务内容

（一）保障性的一般文化信息服务

海疆万里数字文化长廊提供的保障性的一般文化信息服务是指保障海陆空军、海警、武警边防部队官兵与海疆地区居民的基本文化权益。《中共中央关于深化文化体制改革推动社会文化大发展大繁荣若干重大问题的决定》指出："要以公共财政为支撑，以公益性文化单位为骨干，以全体人民为服务对象，以保障人民群众看电视、听广播、读书看报、进行公共文化鉴赏、参与公共文化活动等基本文化权益为主要内容。"

1.对海陆空、海警、武警边防部队官兵来说，保障性的一般文化信息服务主要是满足官兵对自身素质提高以及休闲娱乐等方面的需求，主要包括：一是纸质资源阅读。正如阮冈那赞所言"每个读者都有其书"，海疆万里数字文化长廊应保障海疆官兵享受到通过自由阅读纸本书籍来丰富精神生活、实现自我提升的基本权益。二是数字阅读。海疆地区位置偏远，交通不便，官兵驻扎分散，纸质资源难以及时更新。随着现代信息技术的发展，文化生产数字化、文化资源数字化、文化传播数字化，官兵阅读方式也发生改变，对数字文化信息与网络资源的需求不断增加。数字阅读服务应逐渐成为海疆万里数字文化长廊服务的首选形式。

2.对海疆地区居民来说，保障性的一般文化信息服务首先是满足其读书看报、利用电子阅览室享受网络信息资源等基本文化需求。由于海疆地区居民难免会受到外来文化和生活方式的冲击，部分人国家意识相对淡漠。海疆万里数字文化长廊可以通过系统展示中华民族优秀文化，增强其国家意识，维护海疆地区的稳定。保障性的一般文化信息服务还应包括提供诸如海洋生活信息的公共服务。海疆地区居民经常会经历海洋自然灾害，影响其工作生活。《国家海洋事业发展"十二五"规划》提出，"十二五"时期海洋事业目标之一是提升海洋公共服务能力，提高海洋灾害监测预报预警水平。海疆万里数字文化长廊可通过整合各系统资源，协助海事部门提升海洋公共信息服务能力。

（二）提升性的特殊文化信息服务

1.对海陆空、海警、武警边防官兵而言，提升性的特殊文化信息服务是指广大官兵服役期间，在享受保障性的一般文化信息服务的同时，能通过海疆万里数字文化长廊学习文化知识和职业技能，接受就业指导，提高文化素养，提升退役后的就业能力，解决退役的后顾之忧。

国家"十二五"规划第八篇"改善民生，建立健全基本公共服务体系"中的推进军民融合式发展指出，要完善退役军人安置政策，加强退役军人培训和就业安置工作。《国务院、中央军委关于加强退役士兵职业教育和技能培训工作的通知》要求，坚持以促进就业为目的、以市场需求为导向、以中等职业教育和技能培训为主体，以高等职业教育、成人教育和普通高等教育为补充，本着退役士兵自愿参加、自选专业、免费培训的原则，以省或市（地）为单位统一组织实施。海疆万里数字文化长廊依托自身的资源优势，整合其他部门与行业的资源，向官兵提供职业教育与技能培训，使官兵服役期间取得相应学历证书或职业资格证书，以增强部队的向心力、凝聚力与战斗力。

武警边防的部分基层部门以干部为主，对考取职业资格证书、职业技能培训等提升性特殊文化信息服务需求相对较弱，应以保障性的一般文化信息服务为主。但由于武警边防的职责所在，边防派出所与社区警务室的网络体系可以帮助实现现代公共文化服务体系的延伸，成为海疆万里数字文化长廊的重要组成部分，利用丰富的文化信息资源服务基层，辐射边民，能更好地贯彻实施爱民固边战略，实现文化固边。

2.对海疆地区居民而言，提升性的特殊文化信息服务包括两方面：一是充分利用海疆万里数字文化长廊的信息资源优势和技术优势，对其生产提供信息服务，比如提供捕捞技术、海产品发展趋势服务，海产品市场需求调研和销售信息发布服务；二是针对渔业资源逐渐枯竭、捕捞及其相关产业有所萎缩导致渔业生产岗位下降的形势，提供职业技能培训，使广大海疆地区居民具有多种职业技术，从而改善就业形式单一的情况，提升其就业能力。

四、服务形式

（一）对海陆空、海警、武警边防官兵的服务形式

1.建设部队分馆。当地公共图书馆服务体系在军营设立分馆。由于海军、海警在海上执行任务，可在执行任务的舰船上设置图书周转箱。武警边防派出所和社区警务室可设置"书香角"，为前来办事的渔船民提供借阅服务。

2.完善数字资源。随着网络技术和计算机技术的发展，数字文化服务体系不断完善，可保障广大官兵较为充分地获取与使用数字资源，数字资源的内容可以根据官兵的具体需求有针对性地提供。比如，根据官兵的需求及时打包数字资源，存储到部队的服务器中；相关公共图书馆在主页上开发相应版块，军警官兵可以通过 IP 直接访问。

3.设立电子书借阅机。可采用固定和定期、定点流动的形式，为军警官兵免费提供正版电子图书下载阅读服务，官兵只需在智能移动设备上安装电子书阅读器或移动图书馆 APP，扫描二维码下载书籍，方便快捷。

4.配合海警和武警设立警营网吧与网络学习教室，让官兵便利地享受网络资源，实现网上学习与网上娱乐。

5.加强职业技能培训。根据官兵需求，从现代公共文化服务体系的海量数字资源中有选择地提供名家讲座、课程培训、职业能力与职业资格培训等，提升官兵的综合素质和退役后的就业能力。

（二）对海疆地区居民的服务方式

1.海疆万里数字文化长廊充分利用省、市、县三级公共图书馆服务体系不同的优势与特点，为海疆地区居民提供直接性、常态化的公共文化与信息服务，使公共文化服务延伸到最基层。考虑到生活在近岸村镇或海岛上的居民居住分散、交通不便，应有针对性地提供数字文化信息资源，加强对中华民族优秀文化的宣传，提供党的理论知识、国家方针政策与法律法规、职业技能培训与学习务工指导、致富信息等，保证海疆地区居民平等便捷地享受现代公共文化服务体系建设的成果。

2.远洋捕捞公司等大中型企业的作业渔船上设置图书阅读角，提供报刊、通俗图书等纸质资源，以及视频、音频、电子书等移动数字资源阅读播放设备，保证远洋渔工在海上作业的闲暇时间进行阅读，丰富其精神文化生活。

3.海疆万里数字文化长廊利用武警边防所具有的边防管理、沿海治安管理和渔船民管理的特点，较为系统地通过诸如边防派出所对边民开展较为系统的文化信息服务。表现形式除"书香角"外，还可以在渔船码头警务室等设置"海疆数字文化导航站"，主动提供有关国家方针政策宣传、生产生活信息、文化娱乐、纸质书刊的借阅、电子图书的下载等文化导航服务，使之成为海疆地区居民学习党和国家有关方针政策、进行文化娱乐的文化导航服务中心。具体而言，户外要有明显标识；要有 LED 屏，定期播放天气预报、国家方针政策、涉海涉渔法律法规、致富信息、深加工信息、转产信息、市场信息、伏季休渔期的学习务工指导等；室内放置饮水机、椅子（沙发）等休闲设施；定期更换纸质书报刊；设置电子阅报机。

第二节 "海疆万里数字文化长廊"的建设定位与建设目标

一、海疆万里数字文化长廊的建设定位

(一)服务于国家海洋战略

十八大报告提出实施海洋强国战略;2013 年政府工作报告要求加强海洋综合管理,发展海洋经济,保护海洋生态环境,维护国家海洋权益;2013 年重新组建国家海洋局,推进海上统一执法,显现了国家加强海防、维护海洋权益的决心。海疆万里数字文化长廊建设首先应服务于国家海洋战略,通过建设系统、畅通的信息网络,整合国家各级各类文化部门拥有的海量文化信息资源,分主题二次开发,然后便捷、无障碍地提供给海疆地区军警民和海洋相关机构,可以提升海疆地区公共文化服务效能,推进海疆地区公共文化服务的标准化与均等化,保障海疆地区军警民充分享受到公共文化服务体系发展的成果;能够提高海疆地区的综合管理水平、发展海洋经济、保护海洋生态环境;能够增强海疆地区居民的文化意识与国家认同,进而实现文化固边,使国家海洋战略在文化建设上落到实处。

(二)海疆万里数字文化长廊是边疆万里数字文化长廊的延伸

《全国文化信息资源共享工程"十二五"规划纲要》提出构建边疆万里数字文化长廊,依托边疆地区文化共享工程基层服务网点和公共电子阅览室,通过提高边疆地区文化共享工程基层点和公共电子阅览室的覆盖率,改善边疆地区文化设施薄弱、群众和部队官兵文化生活单调的状况。边疆万里数字文化长廊是新技术环境下文化惠民政策在边疆地区的具体实现。在海疆地区,海疆万里数字文化长廊是边疆万里数字文化长廊的实现方式。我国广大海疆地区应主要借助于公共图书馆服务体系,充分利用国家文化共享工程的海量

数字资源，整合其他机构的数字文化资源，构建海疆万里数字文化长廊，创新服务方式，满足海疆地区军警民在工作、生活、学习等方面多元化的文化信息资源需求和相关机构的海洋文献信息资源需求，提升海疆地区居民的文化认同和国家意识，强化现代公共文化服务体系在海疆地区的保障能力，增强其维护国家海洋主权和权益、发展海洋经济、保护海洋生态的作用。

二、海疆万里数字文化长廊的建设目标

（一）促进现代公共文化服务体系在海疆全覆盖

近年来，随着国家从政策、资金、人才等方面进行大力投入，内陆地区公共文化服务体系逐渐建成，服务效能极大提升；当前和今后一段时间，现代公共文化体系建设的重点逐步转移到内陆边远地区和我国陆疆、海疆地区。因响应国家海洋战略对公共文化体系提出的文化支撑要求，海疆万里数字文化长廊建设应充分利用现代信息科技，加强内容建设，以分类分层服务拓展服务方式，推动现代公共文化服务体系在海疆地区实现全覆盖。从服务地区看，既要覆盖到广大沿海地区，也要覆盖到数量众多的海岛；从服务对象看，既要覆盖到海疆地区所驻军警；也要覆盖到海疆地区的广大居民。唯有如此，才能充分保障海疆地区军警民基本公共文化权益，海疆地区的军警民才能充分享受公共文化发展成果。

（二）辅助强军计划

教育部、总政治部于 2001 年推出"高层次人才强军计划"，以促进军队现代化建设。海疆万里数字文化长廊应通过文献信息服务来支持高层次人才强军计划。此外，现代公共文化服务体系是公益性文化事业，实行免费均等服务，海疆万里数字文化长廊建设要通过提升公共文化对海疆地区军警的服务效能来增强海疆地区部队文化建设和文化服务的专业性。

（三）提升退役官兵事业发展能力

当前我国经济社会处于转型时期，人才需求的学历结构、专业结构正

在转变。海疆地区部队官兵的工作生活环境与社会大环境存在显著差异，部分官兵退役后由于缺乏社会急需的职业技能，在就业过程中处于相对弱势的地位。海疆万里数字文化长廊建设应助力海疆地区官兵更广泛地了解社会，学习职业技能，提升文化素质，以提高其退役后的就业能力，解决后顾之忧。

（四）强化边民的国家意识

海疆地区的民众与临近国家交往频繁，加之受历史、自然环境等影响，部分海疆地区经济文化相对落后，部分边民难免会受到外来文化侵蚀，国家意识有待增强。习近平总书记在第五次全国边海防工作会议上要求把国家主权和安全放在第一位，贯彻总体国家安全观，周密组织边境管控和海上维权行动，筑牢边海防。海疆万里数字文化长廊应加强宣传祖国优秀文化，揭露外来腐蚀文化，增强海疆民众抵御外来文化入侵的能力和国家意识，推动实现文化固边、稳定海防、维护海洋权益的目标。

（五）推动海洋经济和海疆居民生产发展

提高海洋资源开发能力、发展海洋经济是我国当前和今后经济发展的重点。海疆万里数字文化长廊可以通过为海疆地区的渔业、盐业、油气工业、旅游业等产业提供信息服务，促进海洋资源开发和海洋经济发展。此外，针对海疆地区居民大多以渔业为主，渔业资源逐步枯竭，严重影响其生产生活，海疆万里数字文化长廊应引导渔民等进行产业升级与转型，培育新经济形态，培训渔民的职业技能，促进海疆居民生产多元化和就业多元化，改善渔民的生活水平。

（六）促进军警民联防

公安部边防管理局《深化爱民固边战略三年规划纲要(2010~2012年)》指出，以建立警民鱼水关系为标志，以三基工程建设为基础，以维护沿边沿海地区安全稳定为目标，着力在实施维稳、民心、固本、强基、联动五大工程上取得新突破。习近平总书记强调要坚持军民合力共建边海防，统筹边海防建设和边境沿海地区经济社会发展,巩固军政军民团结和民族团结,发挥军警民联防的特色和优势,坚决维护边疆安全稳定的繁荣发展。海疆万里数字文化长廊应推动边防管理单位利用海疆万里数字文化长廊的文化信息资源为沿海地区民众提供服务,发挥军、警、民联防优势,稳定海疆。

第三节 "海疆万里数字文化长廊"文化信息资源建设策略

文化信息资源建设是海疆万里数字文化长廊建设的基础性工作。海疆万里数字文化长廊的文化信息资源涉及政治、外交、军事、经济、文化、社会、教育、生态环境等，可谓内容丰富、包罗万象。其分为纸本资源和数字资源，但以数字资源为主、纸本资源为辅。海疆万里数字文化长廊的文化信息资源建设是一个庞大的系统工程，并非某一个机构一朝一夕就可以独立建成，而是需要众多相关机构秉持共建共享的精神，长期进行；也需要充分利用国家大力发展公共文化事业和实施海洋战略的有利时机，争取国家相关部门、社会力量的大力支持和配合；更需要充分利用蓬勃发展的现代信息技术，创造性地进行文化信息资源建设。

一、政府主导

海疆万里数字文化长廊是国家海洋战略、"一带一路"中 21 世纪海上丝绸之路战略、海疆地区军民融合、现代公共文化服务体系建设等国家战略中具有根本性、长期性、全局性的内容，是从文化角度将海洋战略、"一带一路"中 21 世纪海上丝绸之路战略、军民融合落到实处的举措，对推动现代公共文化服务体系在全国实现全覆盖，对巩固海防、稳定海疆、实现文化固边具有不可估量的作用，其文化信息资源建设是政府责任，应由政府主导。

"十二五"时期，全国文化信息资源共享工程针对 18 个沿边沿海省份，提出构建边疆万里数字文化长廊。2014 年 11 月文化部全国公共文化发展中心肯定山东省文化厅携手省公安边防总队开展的一系列针对海疆地区的公共文化服务，并以此为契机推动边疆万里数字文化长廊建设。文化部全国公共文化发展中心于 2014 年和 2015 年连续招标购买乡镇级和驿站级公共文化一体机，为边疆军警民配备文化信息资源服务设备。

　　海疆万里数字文化长廊的文化信息资源建设应借鉴边疆万里数字文化长廊建设中政府主导的经验，一方面由政府设立海疆地区文化信息资源建设研究课题，邀请科研院所对海疆地区文化信息资源建设进行调查研究，进而进行顶层设计；另一方面，成立相应的机构，配置专业人员，投入足够的资金，建设能满足海疆地区军警民需求的具有海疆特色的文化信息资源，展示海疆地区的地方特色、风土人情和优秀文化。此外，鉴于海疆万里数字文化长廊的文化信息资源建设需要与诸多机构合作进行，而我国实行分级财政制度，各级财政建设不同层级的公共文化机构，各级公共文化机构拥有的文化信息资源差异显著，为此，需要在政府主导下，协调各公共文化机构进行文化信息资源的整合以及合作共建。

二、依托公共文化服务体系

　　海疆万里数字文化长廊的文化信息资源建设必须依托现代公共文化服务体系，应与公共图书馆、博物馆、美术馆、文化馆等各公共文化服务机构及其系统开展深度合作，进行资源整合、共建共享。我国公共文化服务体系中的图书馆、博物馆、美术馆、文化馆等系统拥有丰富的文化信息资源，以及文化信息资源建设经验，海疆万里数字文化长廊与它们协作共建，能快速打下文化信息资源基础，以及基本保障海疆地区军警民日常工作、生活、学习所需的数字文化信息资源。以广东为例，截至 2014 年底，公共图书馆总藏量达 6366.81 万册、博物馆文物藏品 108 万件，建立了网上博物馆、网上美术馆、网上大舞台、网上大课堂等平台。

　　值得注意的是，随着数字信息资源开发与利用被提高到国家战略高度，成为国家信息化核心工作之一，各公共文化系统在文化信息资源的保存、收集与应用等方面已实现数字化。因应数字信息资源共建以及实现全社会共享利用成为世界文化发展潮流，在多媒体技术支撑下，图书馆、博物馆、文化馆等公共文化机构的文化信息资源走向融合成为世界趋势。早在 2008 年 11月就开放的欧洲虚拟博物馆 Europ eana 横跨 27 个欧洲国家，纵跨欧洲 2000

多年的人文历史，内容涉及文学、历史、艺术、电影和音乐等领域，是集数字图书馆、博物馆和档案馆为一身的综合性网站。海疆万里数字文化长廊的文化信息资源建设依托现代公共文化服务体系，与各公共文化机构及其系统进行融合发展，既顺应世界文化发展潮流，也是自身建设的需要。2008 年共享工程国家中心、福建省文化厅和福建省图书馆启动合作建设"闽南文化专题资源数据库"，针对厦门、泉州、漳州等海疆地区的非物质文化遗产拍摄专题片 18 集，极具福建海疆特色，其经验值得借鉴。

三、军政共建

海疆地区驻扎着海陆空三军、海警和武警边防官兵等，面向军警民的海疆万里数字文化长廊的文化信息资源需要军政合作建设。海疆万里数字文化长廊面向军警官兵的文化信息资源，一方面要遵守军队的文化信息政策和规定，符合部队文化建设要求；另一方面要顺应海疆地区官兵的文化信息需求与利用特点，具有针对性和适度的超前性。共建方式可以多种多样，比如由政府与军队以共同出资的方式建设相关数据库。在这方面可以借鉴国家图书馆的模式：2013 年 2 月国家图书馆与总后勤部共同建设军队后勤数字图书馆，文化信息资源内容包括衣、食、住、行、医等生活信息，文学、艺术、哲学、历史、地理等电子书，以及国家图书馆的学术讲座视频、音频资源和数字化老照片等。

2013 年 4 月文化部全国公共文化发展中心、海南省文化共享工程、三沙市政府联合建设三沙市支中心公共电子阅览室，文化部全国公共文化发展中心针对驻岛官兵的文化信息需求，赠送"放映大厅""快乐生活""群文资源""经典剧场""共享讲堂""文化专题""精品资源库"等优秀数字资源；为部队接入政工网的专用服务器预装 717GB 精品资源，使军警官兵实现了通过联网的电脑终端访问文化共享工程资源。

四、与其他项目协作共建

（一）文化共享工程。

该工程是文化部实施的文化知识与信息技术普及的惠民工程，整合了图书馆、美术馆、博物馆、艺术院团及广电、农业、科技、教育等部门的优秀数字资源，数字资源总量达 200.29TB。其中国家中心建设普适资源 44.21 TB，包括舞台艺术、知识讲座、影视作品、农业专题、多媒体资源库、电子书报刊；省级分中心地方资源 156.08TB，包括地方特色资源、红色历史文化资源、少数民族语言资源、进村入户专题资源等。

（二）国家公共文化数字支撑平台。

该项目是文化部公共文化发展中心"十二五"重点项目，以文化共享工程网络以及硬件为基础，采用云计算等数字信息技术，为公共文化服务提供数字支撑。建设内容包括硬件系统、基础软件系统以及特色应用系统，通过智能调度、资源共享、应用服务等提高数字资源的共享和传播水平。海疆万里数字文化长廊可参与国家公共文化数字支撑平台建设，提升文化信息资源建设能力。

（三）公共电子阅览室建设计划。

该项目是文化部"十二五"重点项目。海疆万里数字文化长廊可以参与海疆地区公共电子阅览室建设，分享该平台的数字资源。值得一提的是，应根据不同群体的信息需求特点进行合作共建。比如，针对海疆地区未成年人，重点建设益智类游戏、动漫故事等保障性的一般信息资源；针对海疆地区外来务工人员，重点建设涵盖技能培训、外语学习等提升性的特殊信息资源。

（四）广播电视村村通工程。

广电总局 2007 年实施该工程，目前基本实现农村地区广播电视节目无线全覆盖。广电系统具有很强的视频、音频资源建设能力和丰富的建设经验，海疆万里数字文化长廊应通过政府主导下的协调机制，一方面整合广播电视村村通工程中已有的视频、音频资源，另一方面与广电系统合作共建新的视频、音频资源，尤其是共建服务于海疆地区的具有海疆特色的视频、音频资源，并通过其成熟的广播电视网络，将文化信息资源送到海疆地区的军警、离岛居民、作业船只渔民等身边。